Max Volmer
1885 - 1965

Eine Biographie

von
Oskar Blumtritt

Herrn Dr. H. Kant *handwritten dedication*
mit freundliche Grüße
vom Verfasser
10/87

Herausgeber:	Technische Universität Berlin Der Präsident
Autor:	Oskar Blumtritt
Anschrift:	Technische Universität Berlin, Sekr. TEL 2, Ernst-Reuter-Platz 7, 1000 Berlin 10, Tel. (030) 314 4841
Satz:	Michael Görlitz, Berlin
Druck:	Druckerei Paul Kistmacher, Berlin
Verteilerstelle:	Universitätsbibliothek der Technischen Universität Berlin, Abt. Publikationen, Straße des 17. Juni 135, 1000 Berlin 12
Verkaufsstelle:	Budapester Straße 40 (3. OG.), 1000 Berlin 30, Tel. (030) 314 2976, Telex 01-838 72 ubtu d

ISBN 37983 1053 X

Abb. 1: Max Volmer (1885-1965)

Inhalt

Geleitworte

zur Biographie über Max Volmer

Der 100. Jahrestag des Geburtstages von Max Volmer gibt uns den Anlaß für eine Erinnerung an einen bedeutenden Gelehrten unserer Universität. Sein Werdegang zum experimentellen Naturwissenschaftler vollzog sich an den Universitäten Marburg, Leipzig und Berlin. Er wurde unterbrochen durch den 1. Weltkrieg, an dem er sowohl als Soldat als auch Forscher in der Militärforschung teilnahm.

Aus der Fülle der wissenschaftlichen Ausbeute seiner Arbeit will ich nur die Entwicklung der aus Glas gefertigten Quecksilberdiffusionspumpe, für deren Funktionieren auch seine handwerklichen Fähigkeiten mitentscheidend waren, und die Theorie der Phasenbildung nennen.

Nach der Tätigkeit bei der Auer-Gesellschaft in Berlin und dem Ruf an die Universität Hamburg erhielt er den Ruf an die Technische Hochschule Berlin im Jahre 1922. Hier fand er die Mitarbeiter und die räumlichen und finanziellen Bedingungen für seine erfolgreiche wissenschaftliche Tätigkeit und hier schlossen sich für ihn sicher befriedigende Jahre an. Max Volmer war zuallererst der Forscher für Physikalische Chemie. Auf diese seine Arbeit konzentrierte er sich und war doch nicht unabhängig von der ihn umgebenden politischen Situation. Die Veränderungen ab 1933 betrafen schließlich auch ihn, obwohl eigentlich unpolitisch. Er wurde als Mensch gefordert durch unmenschliche Entwicklungen und reagierte entschieden, indem er half.

Schließlich mußte er sich einem Dienststrafverfahren unterziehen, weil er einem jüdischen ehemaligen Mitarbeiter ohne Zögern und über längere Zeit half. Obwohl der Ausgang des Verfahrens für ihn günstig war, entwickelte sich offensichtlich eine tiefe Resignation. Nach Kriegsende half er deshalb nur befristet beim Wiederbeginn an dieser Universität. Er ging für acht Jahre in die Sowjetunion. Als Forscher sah er hier endlich wieder ausreichende Arbeitsmöglichkeiten. Es ist zu vermuten, daß für diesen Entschluß auch die Enttäuschung über das Heimatland, der Vollzug einer inneren Emigration in die Naturwissenschaft und das vollständige Versagen der politischen Traditionen maßgebend gewesen sind. Beispielhaft zeigt so sein Leben, wie die Zerstörung politischer Grundwerte auch den angeblich a priori unpolitischen Wissenschaftler nicht verschont. Die letzten Jahre lebte er dann in Babelsberg. Die Ehrungen seiner Person setzten spät ein. Erst nach dem Krieg wurde er Mitglied der Akademie der Wissenschaften, obwohl dafür schon 1934 vorgeschlagen. Die Verantwortung der Wissenschaftler auch für die Verwendung ihrer Ergebnisse wurde ihm aus Erfahrung zu einem wichtigen Anliegen. Er gehörte zu den Unterzeichnern des Pauling-Appells gegen die Herstellung von Atomwaffen. Seine Universität ehrte ihn 1952 durch die Institutsbenennung mit seinem Namen und 1955 durch die Ehrendoktorwürde. Er gehört für unsere Universität zu den Mitgliedern, aus deren Lebensweg wir Erfahrungen schöpfen konnten.

Berlin, im April 1985

Dieter Schumann
Vizepräsident der
Technischen Universität Berlin

Die vorliegende Biographie über Max Volmer erscheint als Festschrift anläßlich einer Gedenkveranstaltung, die die Technische Universität zum hundertsten Geburtstag dieses bedeutenden Gelehrten im Mai 1985 durchführt. Von 1922 bis 1945 als ordentlicher Professor und Direktor des Instituts für Physikalische Chemie und Elektrochemie dieser Hochschule verbunden, hat Max Volmer hier den Hauptteil seines wissenschaftlichen Lebenswerkes vollbracht, das mit dem Erscheinen der Monographie über die „Kinetik der Phasenbildung" im Jahre 1939 seine Krönung erfuhr. Oskar Blumtritt hat diese Festschrift im Auftrag der Technischen Universität verfaßt. Mit bemerkenswerter Akribie hat er Daten, Dokumente und Aussagen noch lebender Zeitgenossen über Leben und Wirken von Max Volmer gesammelt und aufgespürt, wo dies nur möglich war. Auf der Grundlage dieser umfassenden Recherchen vermittelt die vorliegende Biographie ein lebendiges Bild von Max Volmer, nicht nur im Hinblick auf seine wissenschaftlichen Leistungen sondern zugleich über die Ausstrahlung seiner Persönlichkeit, und es wird deutlich, wie die Auswirkungen der politischen Umstände den Lebensweg dieses Mannes in besonderer Weise beeinflußt haben.

Max Volmer leistete bahnbrechende Beiträge zum Verständnis des Aufbaus und Reaktionsverhaltens anorganischer Materie. Diese Arbeitsrichtung wurde unter seinem Nachfolger Iwan N. Stranski im Institut fortgesetzt. Durch den im Jahre 1962 in der Nachfolge von Stranski berufenen Horst T. Witt wurde jedoch als neue Arbeitsrichtung die Biophysikalische Chemie im Institut etabliert und das Institut zu einem Schwerpunkt der Photosyntheseforschung ausgebaut. Anläßlich der Rückbesinnung auf die Arbeiten von Max Volmer tritt eine verborgen gebliebene Kontinuität hervor. Die erfolgreiche Forschung von Max Volmer zeichnete sich aus durch die Befähigung, kompliziert erscheinende Sachverhalte durch möglichst einfache Experimente zu erhellen und auf die logische Verknüpfung bekannter Grundgesetze zurückzuführen. Es wird klar, daß in noch viel stärkerem Maße nur auf diesem Wege die Erforschung des Aufbaus und Reaktionsverhaltens hochkomplexer biologischer Systeme gelingen kann.

Meine Freude ist groß, daß es tatsächlich gelungen ist, diese Festschrift nunmehr vorlegen zu können. Ich bin überzeugt, daß diese Schrift mehr vermittelt als die schlichte Erinnerung an die Umstände eines individuellen Lebensweges. Vielmehr tritt der exemplarische Charakter dieses Mannes deutlich hervor und gibt uns Naturwissenschaftlern heute Anstöße zur Standortbestimmung des eigenen Wirkungsgrades. Mein besonderer Dank gilt Herrn Kollegen Hartmann Rüppel aus unserem Hause, der zu einem frühen Zeitpunkt die Initiative zu diesem Vorhaben ergriffen und zielstrebig durchgesetzt hat. Darüber hinaus gilt der Dank dem Präsidenten unserer Universität, der durch bereitwillige finanzielle Förderung die Verwirklichung dieser Festschrift ermöglichte.

Berlin, im April 1985

Bernd Rumberg
Geschäftsführender Direktor des
Max-Volmer-Instituts für
Biophysikalische und Physikalische Chemie

Vorwort

Die vorliegende Biographie über Max Volmer anläßlich seines hundertsten Geburtstages entstand auf Anregung einiger Mitglieder des Max-Volmer-Instituts an der Technischen Universität Berlin. Sie wurde vom Präsidenten der Universität gefördert. Es bildete sich eine Kommission, um die Würdigung Max Volmers vorzubereiten. Ihr gehörten die Herren Prof. Dr. B. Rumberg, Prof. Dr. H. Rüppel und Dipl.-Chem. R. Hagemann aus dem Institut sowie Prof. Dr. K. Becker vom Fritz-Haber-Institut der Max-Planck-Gesellschaft an. Ich bin ihnen für vielfältige Hilfestellungen zu Dank verpflichtet.

Im besonderen Maße gilt mein Dank auch Herrn Dr. H. Mehrtens vom Institut für Wissenschafts- und Technikgeschichte der TU Berlin, der mir die Arbeit vermittelte und sie durch konstruktive Kritik unterstützte. Nicht zuletzt möchte ich Herrn Dr. L. Dunsch aus Dresden erwähnen, dessen Kurzbiographie mir den Einstieg erleichterte. Darüberhinaus verdanke ich ihm durch unsere Zusammenarbeit wertvolle Hinweise. Herrn Dipl.-Ing. J. Biederbick, Leiter des Präsidialamtes, bin ich für die unbürokratische Erledigung aller Formalitäten verbunden. Der Druckerei P. Kistmacher, Berlin, sei für die Mühen bei der Herstellung der Broschüre gedankt.

Eine wichtige Grundlage der vorliegenden Biographie bilden die Materialien, die sich in verschiedenen Archiven und Instituten finden ließen. Den Mitarbeitern dieser Institutionen möchte ich meinen Dank für die zum Teil mühevollen Recherchen aussprechen. Doch die Biographie hätte, würde sie nur auf derartigen Fakten beruhen, viel an Informationen und Lebendigkeit eingebüßt. Aber es erklärte sich eine große Anzahl von Personen bereit, ihre Erinnerungen an Max Volmer und die damaligen Lebensumstände zu schildern. Ihnen allen möchte ich herzlich danken, für ihr Engagement, für die geduldige Beantwortung meiner Fragen und — den Interviewpartnern — für die erwiesene Gastfreundschaft. Schließlich sollen jene Naturwissenschaftler und Historiker nicht ungenannt bleiben, denen ich zahlreiche Hinweise und Ratschläge verdanke. Für etwaige Fehler zeichne ich jedoch allein verantwortlich.

a) Korrespondenz und Interviews* mit

- Elisabeth-Albers Schönberg, Feldmeilen/CH
- Dr. Gertrud Asby, Holte/DK
- Prof. Dr. Kurt Becker, Berlin*
- Dr. Lothar Dunsch, Dresden/DDR
- Gerhard Gericke, Wetzlar*
- Dipl.-Chem. Sigrid Lanz, Ludwigshafen
- Dr. Ruth Levi, Baldham bei München
- Dr. Herbert Mehrtens, Berlin
- Prof. Dr. Kurt Molière, Berlin
- Prof. Dr. Kurt Neumann, Gießen*
- Hildegard Pusch, München*
- Marie-Luise Rehder, Göttingen
- Prof. Dr. Gustav Richter, Berlin/DDR*
- Prof. Dr. Nikolaus Riehl, Baldham bei München*
- Prof. Dr. Walter Ruske, Berlin

- Dipl.-Ing., Dipl.-Chem. Klaus Schaefer, Langen*
- Ulrich J. Schneider, M.A., Berlin
- Alf Teichs, Hamburg
- Prof. Dr. Peter Adolf Thießen, Berlin/DDR*
- Dr. Gertrude Turowski, Berlin*
- Bodo Volmer, Hilden*
- Prof. Dr. Heinz Georg Wagner, Göttingen
- Prof. Dr. Wolfgang Walter, Hamburg
- Prof. Dr. Carl Friedrich von Weizsäcker, Starnberg
- Prof. Dr. Jost Weyer, Hamburg
- Prof. Dr. Ewald Wicke, Münster
- Prof. Dr. Helmut Witte, Darmstadt
- Dr. Sigrid von Zahn-Ullmann, Berlin*
- Prof. Dr. Karl G. Zimmer, Karlsruhe

b) konsultierte Institutionen
(*: mit negativem Resultat)

- Zentrales Akademie-Archiv, Berlin [ZAA] (Frau Dr. Kirsten)
- Bayerische Akademie der Wissenschaften (NDB), München* (Dr. Claus Priesner)
- Archiv der Ludwig-Maximilian-Universität, München (Prof. Dr. Laetitia Boehm)
- Archiv der Karl-Marx-Universität, Leipzig [UAL] (Frau Prof. Dr. G. Schwendler)
- Auergesellschaft, Berlin* (Herr Ettler)
- Berlin Document Center, Berlin [BDC] (Daniel P. Simon)
- Bibliothek und Archiv zur Geschichte der Max-Planck-Gesellschaft, Berlin (Dr. Marion Kazemi)
- Bundesarchiv, Koblenz [BA] (Dr. Werner)
- Deutsche Bunsen-Gesellschaft (Archiv), Darmstadt (Prof. Dr. H. Witte)
- Churchill-College, Cambridge/GB (Marion M. Stewart)
- Fachinformationszentrum Chemie, Berlin*
- Geschwister-Scholl-Gymnasium, Düsseldorf (OStD. Radermacher)
- Hochschularchiv der Technischen Universität, Berlin [HA-TUB]

(Georg Malz, Siri-Bettina Figge)
- Humboldt-Universität (Universitätsarchiv), Berlin/DDR* (Dr. Kossack)
- Informationsvermittlung Technik der TUB, Berlin (Dipl.-Ing. K. Penke)
- Fritz-Haber-Institut der MPG, Berlin (Prof. Dr. H. Gerischer)
- Institut für Deutsche Rechtsgeschichte der FU, Berlin (Ulrich Müller)
- Institut für Zeitgeschichte, München (Hermann Weiß)
- Manville Library, Special Collection, San Diego/USA*
- Deutsches Patentamt, München
- Phillips-Universität, Marburg* (Dr. Köhler)
- Geheimes Staatsarchiv, Berlin* (Karl Holz)
- Staatsarchiv, Hamburg [StA Hamburg] (Dr. Eckardt)
- Hessisches Staatsarchiv, Marburg (Herr Klingelhöfer)
- Stadtarchiv Hilden (Dr. Müller)
- Universität Hamburg (Verwaltung), Hamburg* (Monika Bergen)
- Verband der Chemischen Industrie, Frankfurt

Einleitung

„Der Name Max Volmer ist weiten Kreisen der naturwissenschaftlichen Welt zum Begriff geworden. Unter den physikalischen Chemikern der Gegenwart gebührt ihm zweifellos einer der allerersten Plätze." Mit diesen Sätzen beginnt eine Würdigung Iwan N. Stranskis zu Volmers 75. Geburtstag im Mai 1960. Ein Blick in den ‚Science Citation Index', in dem in den letzten Jahren jeweils über hundert Zitate Volmers nachgewiesen wurden, zeigt, daß seine Arbeiten auch heute noch Grundlage und Ausgangspunkt für die moderne Forschung auf dem Gebiet der Phasenbildung und des Kristallwachstums bilden.

Die Bedeutung Volmers als Wissenschaftler resultiert aus seiner konsequent durchgeführten Grundlagenforschung, die eine Revision bestehender Theorieansätze erbrachte und insbesondere in seinem Hauptwerk „Kinetik der Phasenbildung" eine umfassende, experimentell wohl fundierte Theorie anbietet, die bis heute unübertroffen blieb. Bezeichnungen wie „Stern-Volmer-Gleichung", „Volmer-Reaktion", „Volmer-Mechanismus" oder „Volmer-Isotherme" geben ein beredtes Zeugnis seiner wissenschaftlichen Leistungen.

Die Arbeiten Volmers zeichnen sich dadurch aus, daß sie Problemlösungen bei Fragen nach primären Reaktionsvorgängen bieten, die gleichermaßen auf genial einfachen Experimenten wie auf einer Synthese umfangreicher Kenntnisse der theoretischen Chemie beruhen. Diese Forscherleistung wirkte sich auch in der Technik aus: 26 Patente, von der berühmten Quecksilberdampfstrahlpumpe („Volmer-Pumpe") bis zu einem elektrischen Relais, belegen den Ideenreichtum und das handwerklich-technische Talent Volmers.

Max Volmer war es nicht beschieden, eine seinen Leistungen angemessene Karriere ungebrochen zu vollenden. Seine Tätigkeit als ordentlicher Professor und Institutsleiter an der Technischen Hochschule zu Berlin wurde durch die nationalsozialistische Herrschaft eingeschränkt und für ein Jahr, 1943/44, sogar durch ein Dienststrafverfahren unterbrochen: Er hatte einen seiner ehemaligen Assistenten, einen Juden, unterstützt. Die katastrophale Situation an der Hochschule nach dem Zweiten Weltkrieg schließlich veranlaßte ihn, 1945 einen Auftrag in der Sowjetunion anzunehmen. Dort mußte er, auf einem für ihn neuen Gebiet, in der Atomforschung arbeiten.

Nach zehnjährigem Aufenthalt in der UdSSR kehrte er in sein Haus in Babelsberg zurück. Im hohen Alter wurden ihm die Ehren zuteil, die ihm bis dahin meist versagt geblieben waren. Einen Höhepunkt bildete das Präsidentenamt der Deutschen Akademie der Wissenschaften zu Berlin. Bereits nach knapp drei Jahren, im Oktober 1958, mußte er jedoch aus gesundheitlichen Gründen zurücktreten.

Es wäre weit gefehlt, Volmer nur als Wissenschaftler und Erfinder zu würdigen. Volmers Persönlichkeit hat einen wichtigen Anteil daran, daß seine Schüler heute noch voll Bewunderung von ihm sprechen. Er war ein Humanist, der an sich und seine Mitmenschen hohe Ansprüche stellte. In der Welt des fin de siècle aufgewachsen, war er umfassend gebildet, vielseitig interessiert und natürlich auch fortschrittsgläubig. Stets seinen Prinzipien treu bleibend, stellte er seinen Humanismus gegen die menschenverachtende Politik des Nationalsozialismus. In Not geratene Freunde, Mitarbeiter und Studenten fanden bei ihm stets Hilfe und Zuspruch, — auch wenn er selbst unter den Sanktionen des Regimes zu leiden hatte.

Volmers Humanismus schloß die Liebe zum Schönen ein: Er begeisterte sich gleichermaßen für die Musik wie er leidenschaftlich — und mit wissenschaftlicher Gründlichkeit — Orchideen züchtete oder Schmetterlinge sammelte. In seiner Gattin, früher selbst Physiko-Chemikerin, fand er eine ideale Partnerin. Sie teilte neben den fachlichen Interessen auch seine Neigungen und Lebenseinstellung.

Abb. 2: Hof Hülsen (rechts), Stammsitz der Familie Volmer in Hilden

Abb. 3: Geburtshaus Max Volmers in Hilden

Abb. 4: Gustav und Jacob Volmer, Vater und Onkel von Max

I Der Weg zum Physiko-Chemiker

Jugend und Studium

Max Volmer wurde am 3. Mai 1885 im „Haus Volmer", Mittelstraße 82, Hilden (Rheinland) geboren. Er war das einzige Kind von Gustav und Gertrud Volmer, geborene Klein.[1] Gustav Volmer hatte den Bäckerberuf erlernt, ihn jedoch nur bis etwa zu seinem dreißigsten Lebensjahr ausgeübt. Danach setzte er sich zur Ruhe.

Das stattliche Geburtshaus von Max, das seine Großeltern erbauen ließen, sowie das frühe Rentier-Dasein seines Vaters deuten darauf hin, daß Max einer begüterten Familie entstammte. Verfolgt man die Familienchronik bis in das frühe 18. Jahrhundert zurück, so erfährt man von dem Ackersmann Hermann Volmer, der aus dem benachbarten Kirchspiel Urdenbach stammte und zur Erweiterung seiner Besitztümer nach Hilden übersiedelte. Hier wohnte er mit seiner Frau Anna Maria, geb. Heistermann, auf dem Hof „Hülsen", dessen Hauptgebäude, die sogenannte Burg, bis heute erhalten blieb. Trotz der folgenden Erbteilungen erhielten sich die Nachfahren ihren Reichtum. Max' Großeltern, Johann Jacob und Sybille Luise Volmer, mußten wegen des Eisenbahnbaus, der im Zuge der Industrialisierung Hilden erreichte, ihren Hof verkaufen. So entschlossen sie sich, auch ihr Land zu veräußern und leiteten damit die Verstädterung der Familie Volmer ein. Den Erlös für das Land verteilten sie an ihre vier Söhne, wodurch Gustav Volmer zu einem wohlhabenden Bürger seiner Stadt avancierte.

Nach der Geburt seines Sohnes ließ sich Gustav Volmer in der Klotzstraße 30 ein eigenes Haus errichten. Er widmete sich vornehmlich der Bienenzucht und ging seinen Liebhabereien nach, wie dem Sammeln von Schmetterlingen. Vor allem aber bemühte er sich um die Erziehung seines Sohnes, dem er gleichermaßen seine Liebe zur Natur wie eine humanistische Bildung zu vermitteln bestrebt war. Von Max' Mutter wird berichtet, daß sie sich insbesondere um die musische Entwicklung ihres Sohnes sorgte. Von dieser liebevollen, intensiven Erziehung her sind wohl Max' spätere entomologische und botanische Neigungen zu verstehen, ebenso wie seine stete Pflege der Hausmusik.

Max wurde Ostern 1891 auf der seinem Elternhaus nahegelegenen Evangelischen Volksschule eingeschult. 1895 wechselte er auf die Städtische Oberrealschule von Düsseldorf, der nächsten größeren Stadt. Mit dem Abschluß der Oberprima erwarb er Ostern 1905 das Reifezeugnis.[2] Obwohl sich Volmer vornehmlich für die Biologie interessiert haben soll, entschied er sich für den in jener Zeit lukrativen Beruf eines Chemikers. Im Herbst 1905 immatrikulierte er sich an der Universität Marburg. Die Chemie wurde dort von den Professoren Theodor Zincke und Karl Schaum vertreten. Volmer hat jedoch bei seinen Lehrern kaum Vorlesungen belegt, sondern nur an Praktika und Übungen teilgenommen.[3] In späteren Zeiten behauptete er einmal, daß er Vorlesungen seit der Erfindung der Buchdruckerkunst für überflüssig halte. Ein Blick in das Belegbuch bestätigt, daß er lediglich Spezialvorlesungen hörte, wie über Photographie und Spektroskopie (SS 1907) und Physikalische Chemie (WS 1907/08), die beide Schaum hielt. Zuvor hatte er das Sommersemester 1906 an der Universität München verbracht, wo er bei Prof. K. A. Hofmann ein halbtägiges chemisches Praktikum absolvierte.[4] 1907 bestand Volmer in Marburg die Verbandsprüfung.

Durch seinen Lehrer Schaum war Volmers Interesse und Studienschwerpunkt auf die physikalische Chemie gelenkt worden.

Ferdinand Karl Schaum[5], im Juli 1870 in Frankfurt am Main geboren, war seit 1897 Dozent für Physikalische Chemie an der Universität Marburg. 1904 erhielt er eine außerordentliche Professur. Er hatte bei Zincke promoviert und habilitiert, seine Kenntnisse über physikalische Chemie aber vor allem bei Wilhelm Ostwald in Leipzig erworben. Sein Forschungsschwerpunkt lag auf dem Gebiet der Photochemie, wie sich auch in seiner Tätigkeit als Mitherausgeber der „Zeitschrift für wissenschaftliche Photographie, Photophysik und Photochemie" widerspiegelte. 1908 folgte Schaum einem Ruf als außerordentlicher Professor und Vorsteher der photochemischen Abteilung am physikalisch-chemischen Institut der Universität Leipzig. Dort hatte inzwischen — seit 1906 — Max Le Blanc die Nachfolge von Ostwald als Leiter des Instituts übernommen.[6]

Bei seinem Wechsel nach Leipzig trat Schaum die Nachfolge von Robert Luther an, der an die TH Dresden berufen worden war. Seine Aufgabe bestand vor allem darin, die Lehre in der Photochemie und der wissenschaftlichen Photographie zu erweitern. Dies entsprach der in jener Zeit wachsenden Bedeutung jener Fächer als „Hilfsmittel" der organischen wie der anorganischen Chemie, verbunden mit dem gleichzeitigen Mangel an qualifizierten Fachkräften. So war auch Schaum der einzig mögliche Kandidat für diese Professur.[7]

Max Volmer ging zusammen mit seinem Lehrer nach Leipzig, bei dem er bereits mit der Arbeit an einer Dissertation über „Photographische Umkehrerscheinungen" begonnen hatte.[8] Bei dieser Arbeit zeigen sich Ansätze des Arbeitsstils und der Talente Volmers, die seine weitere Forschung auszeichnen sollten. So machte es sich Volmer zur Aufgabe, die primären Vorgänge bei den Umkehrerscheinungen zu erforschen. Er wollte also weniger den Kenntnisstand über die Phänomene erweitern, als vielmehr „die Ursachen für ihr Auftreten auf Grund bekannter chemischer und physikalischer Gesetze feststellen".[9] Da eine systematische Bearbeitung des Gebietes bislang fehlte, mußte er zunächst neuartige Versuchsreihen entwickeln. Hier erwies sich Volmers Talent in der Experimentierkunst, indem er eine Biegungsmikrowaage konstruierte, die später in Laboratorien vielfältige Verwendung fand.[10]

Werden die experimentellen Ergebnisse Volmers lobend anerkannt, heißt es zum theoretischen Teil der Arbeit in dem Gutachten von Le Blanc: „Auch eine theoretische Erklärung dieser Tatsachen wird aufgrund einer von Schaum und Trivelli gegebenen Theorie nicht ohne Erfolg versucht, jedenfalls ist sie als Arbeitshypothese brauchbar."[11] Dieses etwas vorsichtig formulierte Urteil dürfte den Ausschlag gegeben haben, daß Le Blanc die Dissertation mit der Note II (admodum laudabilis) bewertete. Als Zweitgutachter schloß sich der Experimentalphysiker Otto Wiener der Beurteilung des ersten Referenten an.[12]

Am 4. März 1910 fand die mündliche Prüfung statt. Bei der Wahl der Prüfungsfächer wurden — gemäß der Prüfungsordnung — die „Wünsche des Kandidaten ... berücksichtigt".[13] Volmer wählte neben der physikalischen Chemie und der Physik die Musikgeschichte. Während die Prüfungen bei Le Blanc und Wiener mit guten Noten abgeschlossen wurden, rettete sich Volmer über die letzte Hürde nur mit Mühe. So heißt es in der

Beurteilung des zuständigen Musikhistorikers Hugo Riemann: „Der Kandidat erweist sich in der Geschichte der Oper, auch der Instrumentalmusik und sogar in der Notenschrift allgemein recht fällig orientiert, so daß ich ihm seine guten Noten nicht zu verderben brauche…"[14] Trotz der musischen Erziehung im Elternhaus und der guten Allgemeinbildung war die kurze Vorbereitungszeit von zwei Semestern, in denen Volmer insgesamt drei Seminare bei Riemann belegte, wohl etwas knapp bemessen.[15]

Mit der Promotion zum „Dr.-phil." endete die Studienzeit Volmers, obwohl seine Matrikel erst am 29. 12. 1910 „wegen Nichtbelegens von Vorlesungen" gestrichen wurde.[16] In der Zwischenzeit war er bereits in das Feld-Artillerie-Regiment „König Karl" eingerückt, um als Einjährig-Freiwilliger seiner Wehrpflicht zu genügen. Am 1. 10. 1911 schied er als Unteroffizier der Reserve aus dem Dienst aus.[17]

Assistent, Dozent und Soldat

Nach dem Wehrdienst kehrte Volmer an das Physikalisch-Chemische Institut in Leipzig zurück. Seine Arbeiten gerieten hier zunehmend unter den Einfluß von Le Blanc. Max Julius Louis Le Blanc, im Mai 1865 in Barten (Ostpreußen) geboren, hatte seine chemische Ausbildung in Tübingen, München und Berlin genossen. Als Doktorand und anschließend als Privatassistent von W. A. Hofmann (Berlin) beschäftigte er sich vornehmlich mit der organischen Chemie, gegen die er jedoch eine tiefe Abneigung entwickelte. Er dachte sogar an einen Wechsel seines Faches.[18] Durch die Schriften Ostwalds auf die Physikalische Chemie aufmerksam geworden, zog es ihn zu dieser jungen Disziplin hin. 1890, zwei Jahre nach seiner Promotion, bewarb er sich erfolgreich auf eine Assistentenstelle bei Ostwald in Leipzig. Hier wandte er sich insbesondere der Elektrochemie zu, worin er sich 1891 habilitierte. 1895 erhielt er in Leipzig eine außerordentliche Professur. Nach fünfjähriger Industrietätigkeit und einer Professur in Karlsruhe trat er — wie erwähnt — 1906 die Nachfolge Ostwalds an.[19]

Durch Le Blanc angeregt, arbeitete Volmer nunmehr über die Photochemie hinausgehend allgemeiner auf dem Gebiet der physikalischen Chemie, insbesondere der Elektrochemie. Sein Arbeitsplatz war hauptsächlich das Labor, wo er bestehende Erklärungsansätze zu lichtelektrischen Erscheinungen experimentell überprüfte. Der Vorrang der experimentellen Forschung entsprach dem persönlichen Arbeitsstil Le Blancs, der die „Methodik des Experiments" als wichtigste Arbeitsgrundlage ansah. Volmer schrieb in seinem Artikel zum 70. Geburtstag von Le Blanc, daß dieser „als ausgesprochener Experimentalforscher … seine Mitarbeiter zur praktischen Arbeit anhielt und (es) nicht gern sah, daß sie sich in Spekulationen verloren."[20]

Die Forderung Le Blancs nach dem Primat des Experiments kam Volmer bei der Entwicklung seines eigenen Arbeitsstils sehr entgegen: Er vervollkommnete seine experimentell-handwerklichen Fähigkeiten. Seine Versuchsanordnungen zeichneten sich dadurch aus, daß sie stets einfache und präzise Problemlösungen erlaubten. Die gute Atmosphäre am Institut begünstigte darüberhinaus den Einstieg in die wissenschaftliche Forschung. Denn das kameradschaftliche Verhalten Schaums und die verantwortliche Lehre Le Blancs förderten das Engagement und die Qualifikation ihrer Schüler und Mitarbeiter.

Ostern 1912 erhielt Volmer am Institut eine Stelle als Hilfsassistent, seit Oktober desselben Jahres war er dort als planmäßiger Assistent tätig.[21] Ende Dezember reichte er seine Habilitationsschrift mit der Bitte um Erteilung der venia legendi bei der philosophischen Fakultät ein.[22] Das Thema seiner Arbeit lautet: „Die verschiedenen lichtelektrischen Erscheinungen am Anthracen, ihre Beziehungen zueinander, zur Fluoreszenz und Dianthracenbildung". Die Resultate faßt er folgendermaßen zusammen:

„Die experimentellen Ergebnisse der Arbeit sind folgende:
1. In dem für die Fluoreszenzerzeugung und für die Polymerisation des Anthracens wirksamen Spezialgebiet von ca. 400 $\mu\mu$ bis ca. 225 $\mu\mu$ tritt kein Hallwachseffekt auf.
2. Dagegen findet die Leitfähigkeitserhöhung des festen Anthracens in diesem Gebiet statt.
3. Es wurde ein neues lichtelektrisches Phänomen in diesem Licht aufgefunden, welches besteht in dem Austritt positiver oder negativer Ionen des festen Körpers in das Lösungsmittel unter dem Einfluß eines elektrischen Feldes (Anthracen, Schwefel).
4. Das feste Anthracen zeigt den bekannten Hallwachseffekt erst unterhalb 225 $\mu\mu$.
5. In demselben Spektralgebiet zeigen Anthracenlösungen in reinem Hexan eine starke Leitfähigkeitszunahme, die als Volumenionisation charakterisiert und als Hallwachseffekt an der gelösten Molekel aufgefaßt wurde.
6. Die unter Punkt 1 bis 5 aufgeführten Ergebnisse gelten in entsprechender Modifizierung auch für andere verwandte Körper.

Aus den experimentellen Ergebnissen wurden folgende Schlüsse gezogen:
a) Die Byksche Theorie der Dianthracenbildung ist, soweit sie die Elektronenabspaltung als primäre Wirkung annimmt, nicht haltbar.
b) Demjenigen Teil der Starkschen Fluoreszenztheorie, der eine totale Abtrennung der Elektronen annimmt, wurde die experimentelle Stütze bei verschiedenen Beispielen entzogen.
c) Es wurde auf Grund der unter 3. angeführten Beobachtung eine neue Anschauung über die Leitung in belichteten festen Isolatoren gegeben.
d) Zum Schluß wurde ein anderer Weg angedeutet, der auf elektronentheoretischer Grundlage eine Anschauung gibt über den Mechanismus photochemischer Reaktionen, speziell für die Dianthracenbildung."[23]

In der Habilitationsschrift Volmers zeigen sich erneut wesentliche Merkmale seines Stils. Wie in der Dissertation stellt er auch hier die Frage nach den primären Vorgängen von Reaktionen und gelangt damit zu einer Revision bestehender Vorstellungen sowie zum Nachweis neuer Phänomene. Le Blanc hob in seinem Gutachten die Fähigkeiten Volmers deutlich hervor: „Dr. Volmer hat mit dieser Arbeit einen ungemein glücklichen Griff getan. ... Herr Volmer verfehlt nicht, seine exp. Ergebnisse in bedeutsamer Weise theoretisch zu verwerten. ... [Er ist ein] auffallend geschickter Experimentator sowie ein scharfsinniger und selbständiger Forscher."[24]

Neben Le Blanc bestand die Habilitations-Kommission aus den Professoren Arthur Hantzsch und Carl Paal sowie dem Dekan der Philosophischen Fakultät, Ludwig Otto Hölder. Die Kommissionsmitglieder schlossen sich uneingeschränkt der Bewertung von

Le Blanc an.[25] Für die Probevorlesung schlug Volmer drei Themen vor: 1. ‚Die Theorie des latenten Bildes', 2. ‚Umkehrbar photochemische Prozesse' und 3. ‚Der gegenwärtige Stand der theoretischen Photochemie'. Die Wahl fiel auf das erste Thema, worüber er am 3. März 1913 die Probevorlesung „zu voller Zufriedenheit" hielt.[26] Die venia legendi wurde ihm daraufhin für anorganische und physikalische Chemie ausgesprochen.

DIE

VERSCHIEDENEN LICHTELEKTRISCHEN ERSCHEINUNGEN
AM ANTHRACEN, IHRE BEZIEHUNGEN ZUEINANDER,
ZUR FLUORESZENZ UND DIANTHRACENBILDUNG.

HABILITATIONSSCHRIFT

DURCH WELCHE

MIT ZUSTIMMUNG DER

PHILOSOPHISCHEN FAKULTÄT

DER

UNIVERSITÄT LEIPZIG

ZU SEINER

AM MONTAG, DEN 3. MÄRZ 1913, 12¼ UHR

IM

AUDITORIUM 28 DER UNIVERSITÄT

STATTFINDENDEN PROBEVORLESUNG

„DIE THEORIE DES LATENTEN BILDES"

EINLADET

DR. MAX VOLMER.

LEIPZIG
JOHANN AMBROSIUS BARTH
1913.

Abb. 5

Die Habilitationsschrift wurde in ihren wichtigsten Teilen in den ‚Annalen der Physik‘ veröffentlicht.[27] In dieser Zeitschrift entspann sich darauf eine kurze Kontroverse mit Johannes Stark, — Nobelpreisträger der Physik von 1919. Sie bezog sich auf die zweite Schlußfolgerung der Habilitationsschrift, das heißt auf die These, daß bei der Fluoreszenz keine totale Elektronenabspaltung stattfinde. Stark wies die Urteile Volmers als „sämtlich irrtümlich“ zurück.[28] Er verweigerte sich einer inhaltlichen Auseinandersetzung, indem er Volmer die Unkenntnis der bisherigen Arbeiten zu diesem Problemkreis unterstellte. Volmer ging in seiner Antwort noch einmal kurz auf die Relevanz seiner Experimente für die Fluoreszenztheorie ein. Darüberhinaus gestand er ein, lediglich einen Artikel nicht berücksichtigt zu haben, welcher jedoch gerade seine eigenen Ergebnisse bestätigen würde.[29] Er schließt mit dem Satz: „Es ist bedauerlich, daß Hr. Stark auf rein objektive Feststellungen mit persönlicher Schärfe antwortet.“[30] Der in Starks Artikel ebenfalls kritisierte W. E. Pauli lehnte in seiner Erwiderung eine inhaltliche Stellungnahme wegen Starks „allseits bekannter Tonart“ überhaupt ab.[31] Der von Stark angeschlagene Ton zu einer Zeit, als er in der Fachwelt hohes Ansehen genoß, läßt seine Kommunikationsformen erahnen, in denen er als akademischer Außenseiter während des Nationalsozialismus die „Deutsche Physik“ propagieren sollte.[32] Der Karriere Volmers tat dieser Streit jedenfalls keinen Abbruch. Für eine kurze Zeit wirkte er noch am Institut von Le Blanc als Privatdozent. In seinen Veröffentlichungen, die teilweise in Zusammenarbeit mit seinen ehemaligen Lehrern Schaum und Le Blanc entstanden, beschäftigte er sich weiter mit der Photo- und Elektrochemie. Im Wintersemester 1913/14 hielt er seine erste Vorlesung, über die „Bedeutung der Radioaktivität und Elektronik für die Chemie“, der sich im Sommersemester die Vorlesung über die „Chemie der extremen Temperaturen“ anschloß. Daneben assistierte er bei den Praktika und Kolloquien von Le Blanc.[33]

Im Wintersemester 1914/15 wollte Volmer über die Spektralanalyse vortragen. Warum dies nicht stattfand, kann man dem lakonischen Vermerk aus dem Vorlesungsverzeichnis von 1915 entnehmen: „Zur Zeit im Felde“.[34] Anfang August 1914, am dritten Mobilmachungstag, war Volmer einberufen worden.[35] Bis 1916 diente er im Feld-Artillerie-Regiment 32 und wurde im Mai 1915 zum Leutnant der Reserve befördert. 1916 beorderte man ihn als Gasschutzoffizier zum Stab der 19. Landwehr-Division. Die deutsche Heeresleitung mußte sich von einem Angriffskrieg auf einen Verteidigungskrieg umstellen. Um Ersatzstoffe zu entwickeln und — vor allem — für die Produktion chemischer Kampfmittel, wurden Naturwissenschaftler benötigt. So kam Volmer an das Institut für Physikalische Chemie der Friedrich-Wilhelm-Universität zu Berlin, das von Walther Nernst geleitet wurde. Nernst hatte sich bereits 1915 mit chemischen Kampfstoffen beschäftigt, mußte diesen Bereich jedoch an Fritz Haber vom Kaiser-Wilhelm-Institut für Physikalische Chemie abtreten. Anschließend widmete er sich vornehmlich der Entwicklung von Sprengstoffen. Mit der Einsicht in die sinkenden Siegeschancen der Deutschen und durch einschneidende Erlebnisse, wie den Tod seines Sohnes, ließ er sich vom Militärdienst entbinden und wandte sich wieder ganz der Grundlagenforschung zu.[36]

Volmers Kommandierung an das Nernstsche Institut erfolgte natürlich allein für kriegswichtige Aufgaben. Doch der Einfluß von Nernst wie der von weiteren Kollegen, die Volmer dort im Laufe der zwei Jahre antraf, sollten für ihn auf unterschiedlichsten Ebenen bedeutsam werden. In Hinblick auf seinen beruflichen Werdegang sind zum einen die Anregungen von Nernst wesentlich. Denn Nernst kam, im Gegensatz zu Volmers bisherigen Lehrern, von der Physik zur theoretischen Chemie.[37] Seine Intention bestand darin, neue physikalische Erkenntnisse für die chemische Forschung fruchtbar zu machen. Gleichermaßen auf der theoretischen wie auf der experimentellen Ebene versiert, wandte er sich vor allem der chemischen Thermodynamik zu. So erhielt Volmer den Anstoß, sich eingehender mit den aktuellen Problemen der Physik auseinanderzusetzen. Wichtige Hilfestellungen leistete ihm dabei Otto Stern, der kurz nach Volmer an das Institut von Nernst gekommen war.[38] Volmer erzählte häufig, daß ihm der Physiker Stern, ein Schüler von Einstein, regelmäßig Nachhilfestunden in der Thermodynamik gegeben habe, während er selbst Apparate konstruierte oder Glaskolben für seine Pumpen blies. Als unmittelbares Ergebnis der Zusammenarbeit von Stern und Volmer entstanden zwei Abhandlungen zur Fluoreszenz.[39] Auf der Grundlage der Bohr-Einsteinschen Auffassung der Lichtabsorption wollten sie sich einer quantentheoretischen Deutung photochemischer Reaktionen annähern. In der ersten Abhandlung gelingt es ihnen, erstmalig die „Abklingungszeit" der Fluoreszenz zu berechnen sowie die Lebensdauer eines Moleküls im „Bohrschen", das heißt angeregten Zustand zu bestimmen. Die „Stern-Volmer-Gleichung" für die Intensität des Fluoreszenzlichtes besitzt noch heute Gültigkeit. In ihren Veröffentlichungen weisen sie darüberhinaus auf die Bedeutung ihres Ansatzes für eine umfassende quantitative Theorie photochemischer Prozesse hin, — im Gegensatz zu den traditionellen Ansätzen von Stark und Luther, die keine Generalisierung erlauben würden.

Bei den für ihre Arbeiten notwendigen Versuchen mit Quecksilberdampf kam Volmer auf eine neue Idee für den Bau von Dampfstrahlvakuumpumpen. Er konstruierte eine Quecksilberdampfstrahlpumpe, deren Glaskolben er selbst blies. Im Mai 1918 konnte er dafür ein Patent erwerben.[40] Allerdings führte Volmers Patentanmeldung zu Streitigkeiten mit dem Physiker Wolfgang Gaede.[41] Gaede, der während des Ersten Weltkrieges seine Arbeiten zur Hochvakuumtechnik unterbrechen mußte, glaubte das Prinzip der „Volmer-Pumpe" bereits entwickelt zu haben. Volmer konnte jedoch letztlich seinen Patentanspruch behaupten. Ebenso wurde eine Reihe verbesserter Formen seiner Diffusionspumpe patentiert.[42]

Mit den Patenten Volmers zeigt sich ein weiterer Zug seiner Arbeit, nämlich der stete Blick auf die technische Umsetzung und die wirtschaftliche Verwertung seiner wissenschaftlichen Forschung. Dabei kam ihm gleichermaßen sein experimentelles Geschick, seine umfassenden Kenntnisse auf unterschiedlichen Gebieten sowie sein Ideenreichtum zugute. Auch hatte er in Nernst und Le Blanc berühmte Vorbilder.

Die Genialität seiner Erfindungen äußerte sich ebensosehr auf dem Gebiet, das eigentlich im Zentrum seiner Arbeit stehen sollte: der Gasschutz. Es gelang Volmer, einen Chlorgasdetektor mit automatischer Registrierung zu entwickeln. Iwan Stranski schreibt in seiner Würdigung zu Volmers 65. Geburtstag, daß Volmer ein „Verfahren zur quantitativen Bestimmung von gewissen Gasspuren mittels des Halbleitereffektes (1917)" gefunden hätte.[43] Eine Evidenz läßt sich hierfür nicht erbringen. Aus jener Zeit stammt lediglich ein Patent Volmers, das eine mechanische „Vorrichtung zum Anzeigen der Dichte- oder Viskositätsunterschiede von Gasen" beschreibt.[44] Erst 1939 erhielt Volmer für ein Verfahren,

DEUTSCHES REICH

REICHSPATENTAMT
PATENTSCHRIFT
— № 340446 —
KLASSE 27d GRUPPE 4

Dr. Max Volmer in Berlin.

Quecksilberdampfstrahlpumpe.

Patentiert im Deutschen Reiche vom 9. Mai 1918 ab.

Die Dampfstrahlvakuumpumpen, welche auch gegen höhere Drucke der Vorvakuumsdrucke von 1 bis 40 mm Quecksilbersäule zu arbeiten imstande sind, besitzen den Übelstand, daß sie sich bald verstopfen und infolgedessen unwirksam werden, weil in den Raum, aus dem die Luft durch den aus einer Düse austretenden Dampfstrahl abgesaugt wird, Dämpfe der benutzten Siedeflüssigkeit hineindiffundieren und dort nach erfolgter Kondensation als Tröpfchen in den Zwischenraum zwischen Düse und umgebendes Rohr fließen. Dort bleiben sie infolge der notwendigen Enge des Zwischenraums, der weniger als 0,5 mm beträgt, sitzen und versperren der abzusaugenden Luft den Weg. Die Pumpe versagt dann.

Die vorliegende Erfindung behebt diesen Fehler dadurch, daß die Düse nicht wie bisher bei Pumpen mit engem Spalt an der tiefstgelegenen Stelle des Absaugeraumes durchgeführt wird. Erreicht wird dies dadurch, daß man den Dampfstrahl senkrecht oder schräg nach oben bzw. wagerecht in den Kühler ausströmen läßt. Dann schleudert der Quecksilberdampfstrahl Quecksilbertröpfchen, die sich beim Eintritt des Strahles in dem die Düse umgebenden röhrenförmigen Kühlerteil bilden, aus letzterem heraus in den anschließenden erweiterten Kühlerteil, aus dem das kondensierte Quecksilber durch eine besondere Leitung in das Siedegefäß zurückgeführt wird. Die Tröpfchen können also nicht in den obenerwähnten Zwischenraum hineinfließen und diesen verstopfen.

Die beiden Figuren stellen Ausführungsformen der Erfindung dar. Das Rohr v führt zum Vorvakuum, w zum Hauptvakuum. In der Kugel a wird Quecksilber zum Sieden erhitzt. Der Dampf strömt zur Düse b hinaus und reißt aus dem umgebenden, bereits zum Kühler gehörenden Rohr die Luft des Absaugeraumes c mit. In dem weiten Kühlerteil d findet die Abscheidung des Quecksilbers statt, welches durch das Rohr e in das Siedegefäß zurückgelangt, während die Luft an das Vorvakuum abgegeben wird. Die kleinen Quecksilbermengen, welche dampfförmig nach rückwärts durch den Zwischenraum zwischen der Düse b und dem engen Kühlerteil nach c gelangen und sich kondensieren, fließen durch das Rohr f ebenfalls in das Siedegefäß zurück.

PATENT-ANSPRUCH:

Quecksilberdampfstrahlpumpe zum Arbeiten gegen Drucke von 1 bis 40 mm Quecksilbersäule mit die Düse umgebendem Luftzuführungsspalt von höchstens 0,5 mm Spaltbreite, dadurch gekennzeichnet, daß der senkrecht oder schräg nach oben oder wagerecht gerichtete Treibstrahl nach seinem Austritt aus der Treibdüse zunächst einen zylindrischen Teil des Kondensraumes, der einen Durchmesser gleich dem äußeren Durchmesser des Ringspaltes hat, durchströmt und sodann in einen erweiterten Teil des Kondensraumes eintritt, aus welchem die kondensierten Dämpfe dem Siedegefäße durch ein besonderes Rohr wieder zugeführt werden.

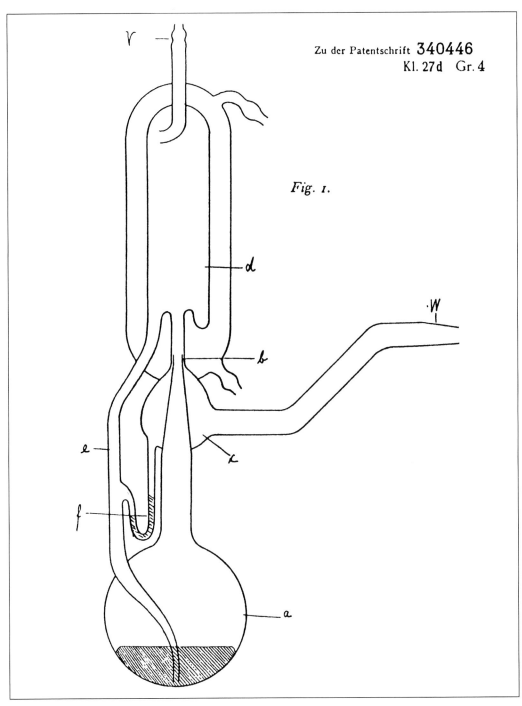

Fig. 1.

Abb. 6

19

das den Halbleitereffekt benutzt, ein Patent.[45] Beide Lösungen des Problems, wenn auch wahrscheinlich zu unterschiedlichen Zeiten entstanden, bestechen in ihrer Einfachheit. Über sonstige kriegswichtige Aufgaben ist uns nichts mehr bekannt. Es sei nur angedeutet, daß Volmer durch seine Beschäftigung mit dem Gasschutz eine enge Beziehung zur Auergesellschaft herstellen konnte, für die er nach dem Krieg arbeiten sollte.

Die Zeit am Nernstschen Institut bedeutete für Volmer mehr als ein Schritt in seiner beruflichen Karriere. Er lernte hier seine spätere Gattin kennen, die damals als Assistentin bei Nernst arbeitete. Dazu möge ein kurzer Exkurs erlaubt sein.

Eine der Auffälligkeiten am Nernstschen Institut bestand in der überdurchschnittlichen Anzahl an Studentinnen und Mitarbeiterinnen. Dieser Umstand wird gewöhnlich „seiner allgemeinen Einstellung gegenüber Frauen" zugeschrieben: Obwohl sonst eher scharf und zynisch in der Argumentation, soll es ihm an Objektivität bei der wissenschaftlichen Beurteilung der Arbeiten junger, schüchterner und hübscher Damen gemangelt haben.[46] Mag dies in einigen Fällen zutreffen, darf man natürlich hiervon nicht allgemein auf die Qualifikation der Naturwissenschaftlerinnen am Institut rückschließen. Insbesondere wäre dies für seine Assistentin, Dr. Lotte Pusch, absolut unzutreffend, — wenn auch die Vorurteile der meisten anderen Professoren eine Mitarbeiterstelle kaum ermöglicht hätten.

Lotte Pusch, Otto Stern und Max Volmer trafen sich, wie zu jener Zeit üblich, häufig zum Meinungsaustausch in Cafés. Es entwickelte sich eine enge Freundschaft, der — wie erzählt wird, zum Leidwesen von Otto Stern — schließlich die Ehe von Lotte Pusch und Max Volmer folgte. Sie wurden am 15. März 1920 getraut. Frau Volmer gab ihre wissenschaftliche Karriere zugunsten ihres Gatten auf.

Volmer, formal noch Assistent und Privatdozent in Leipzig, blieb bis zum Ende des Ersten Weltkrieges in Berlin. Als weitere Verpflichtung kam hinzu, an der Heeresgasschule zu unterrichten. Im November 1918 entließ man ihn aus dem Militärdienst, ausgezeichnet mit dem Eisernen Kreuz Zweiter Klasse.[47] Anschließend trat die Auergesellschaft an Volmer heran, um ihm die Leitung eines wissenschaftlichen Labors anzubieten.

Die Auergesellschaft war eine Rechtsnachfolgerin der 1892 gegründeten ‚Deutschen Gaslicht Aktiengesellschaft'. Sie erweiterte jedoch die Palette ihrer Produkte und entwickelte mit der Einführung des Gaskrieges Atemfilter und Schutzmasken.[48] Durch ihre Forschungsabteilungen hatte sie enge Verbindungen zu den chemischen Instituten im akademischen Bereich geknüpft. Für eine neu zu gründende Fabrik für photographische Filme und Platten war ein wissenschaftliches Laboratorium eingerichtet worden, dessen Leitung nun Volmer übernehmen sollte. Volmer akzeptierte das Angebot, um — wie er später berichtete — „einmal wissenschaftliche Arbeiten im großen Maßstab und mit großen Mitteln durchführen zu können".[49] Von den als Privatdozent in Leipzig abzuhaltenden Vorlesungen ließ er sich dispensieren.

Volmers Arbeit in der Auergesellschaft läßt sich im wesentlichen nur noch aus seinen Patenten in jener Zeit rekonstruieren. Es entstanden dort zahlreiche Verbesserungen an seiner Quecksilberdampfstrahlpumpe. So erinnerten sich Mitarbeiter, daß sich Volmer häufig mit Glasblasen beschäftigte. Ferner scheint er zur Entwicklung eines neuen Verfahrens angeregt worden zu sein, um Kupferspiegel auf Glas herzustellen.[50] Die bisherigen langwierigen Verfahren konnte Volmer dadurch abkürzen, daß er das zu reduzierende Kupfer in der Form von organischen Alkalikomplexsalzen verwandte. Sein Verfahren, besonders bei Dewargefäßen angewandt, fand in der Herstellung der sogenannten Aurophan-Flaschen beachtliche Verbreitung.

Außerordentliche Professur an der Hamburgischen Universität

Am 28. Juni 1920 ergeht an Volmer der Ruf für eine außerordentliche Professur für Physikalische Chemie an der Hamburgischen Universität. Am 30. Juni nimmt er den Ruf an und erklärt sich bereit, die Lehrtätigkeit am 1. Oktober desselben Jahres aufzunehmen.[51] Zur Vorgeschichte dieser Berufung sei kurz auf die Gründungsphase der Hamburgischen Universität zurückgegangen.[52]

Die Hamburgische Universität wurde am 10. Mai 1919 eröffnet. In den Hansestadt waren schon seit dem 19. Jahrhundert Anstrengungen zur Gründung einer Universität unternommen worden, die jedoch stets an der mangelnden Finanzierungsbereitschaft der primär auf kaufmännische Interessen bedachten Bürger scheiterten. Lediglich ein Chemisches Staatslaboratorium und ein Physikalisches Institut konnten noch vor der Jahrhundertwende errichtet werden. In einem langen Kampf, in dem der Senator und spätere Bürgermeister Dr. Werner von Melle an der Spitze stand, wurde gerade in einer Notzeit, nach einem verlorenen Weltkrieg, die Universitätsgründung verwirklicht. Denn in dieser Zeit konnte aufgrund des Bewußtseins eines notwendigen Wiederaufbaus die Idee, eine spezifisch den Hamburger Verhältnissen angepaßte Forschungsstätte zu gründen, die Mehrheit im Senat gewinnen.

In der Fachsparte Chemie knüpfte man unmittelbar an die Tradition des anwendungsorientierten Chemischen Staatslaboratoriums an. So setzte der Leiter des Laboratoriums, P. Rabe, sogleich die Bezeichnung „Chemisches Staatsinstitut" an der Universität durch. Leiter der anorganischen Abteilung war bis 1921 Friedrich Paneth. Daneben bestand zunächst noch die organische Chemie, die bis 1924 von Rabe vertreten wurde. Im Gründungsgesetz von 1919 war zudem eine außerordentliche Professur für Physikalische Chemie vorgesehen, die man umgehend zu besetzen hoffte.

Volmer wurde von der Fakultät als einziger Kandidat vorgeschlagen. Denn einerseits kam aufgrund der neuen Universitätsidee die Besetzung mit einem älteren Professor nicht in Frage. Andererseits besaß Volmer im Gegensatz zu den übrigen jungen Kollegen die größte Erfahrung und die beste wissenschaftliche Reputation. Ein gewichtiges Argument bildete seine Gemeinschaftsarbeit mit Stern.

Der Senatskommissar für die Hamburgische Universität stimmte dem Fakultätsbeschluß zu und akzeptierte darüberhinaus Volmers Forderung von 20.000 M für die apparative Ausstattung. Volmer wurde mit einem Gehalt von 11.300 M eingestellt, sein Lehrdeputat betrug 8 Semesterwochenstunden. Zudem mußte er sich verpflichten, auch an der Volkshochschule zu lehren.[53]

Volmers Arbeit bestand zunächst darin, das Laboratorium für Physikalische Chemie aufzubauen sowie einen Vorlesungszyklus für dieses Fach zu erarbeiten. Besonders die zweite Aufgabe zwang ihn, sich systematisch mit dem gesamten Gebiet auseinanderzusetzen, — eine Aufgabe, in der er wesentlich auf die Hilfe seiner Gattin angewiesen war.

Volmer legte seine Vorlesungen auf Montag und Freitag Morgen, das physikalisch-chemische Praktikum auf Sonntag Vormittag.[54] So blieb ihm für seine eigene Forschung genügend Zeit. Hier wandte er sich insbesondere einem Problem zu, auf das er durch die Entwicklung seiner Quecksilberdampfstrahlpumpe geführt worden war: Er hatte entdeckt, daß sich an den gekühlten Teilen der Glaskolben Quecksilberkristalle bildeten. Die Untersuchung der Phasen derartigen Kristallwachstums sollte seinen Forschungsschwerpunkt für die nächsten zwei Jahrzehnte bilden.

Über den Mechanismus der Molekülabscheidung an Kristallen.

Von **M. Volmer** und **I. Estermann** in Hamburg.

Mit einer Abbildung. (Eingegangen am 29. Juli 1921.)

Befindet sich ein übersättigter Dampf von konstantem Druck p_D in Berührung mit einem Kondensat, dessen Dampfdruck p_K sein möge, so ergibt sich die pro Quadratzentimeter Oberfläche in der Sekunde abgeschiedene Gewichtsmenge zu

$$G = \alpha \cdot \frac{1}{\sqrt{2\,\pi\,R}} \cdot \sqrt{\frac{M}{T}} \cdot (p_D - p_K).$$

Bezeichnet man die Strecke, die die Oberfläche pro Sekunde in der Richtung ihrer Normalen fortschreitet, mit v, so ist

$$v = \frac{G}{s},$$

wenn s das spezifische Gewicht der kondensierten Substanz bedeutet. Nehmen wir einen beliebig geformten konvexen Körper, so ist dies auch die Geschwindigkeit, mit der jedes Oberflächenelement sich vorschiebt. Hat der Körper konkave Stellen, so findet an diesen die Stoffablagerung langsamer statt, weil der Raumwinkel, aus dem die Moleküle einfallen können, kleiner als 2π ist. Für ebene oder konvexe Stellen des Körpers ist die Geschwindigkeit aber die gleiche, weil der für das Einfallen der Moleküle in Betracht kommende Raumwinkel nicht größer als 2π werden kann*).

Lassen wir nun einen Kristall bei konstanter Temperatur in seinem übersättigten Dampf von konstantem Druck p_D wachsen, so muß, falls

---

*) Anmerkung. Bei unseren Versuchen über die Verdampfung von Quecksilbertröpfchen (vgl. die vorangehende Arbeit) hatten wir regelmäßig Gelegenheit, das bereits von Knudsen[1] beschriebene, eigentümlich opalisierende Aussehen des Quecksilberbeschlages an der mit flüssiger Luft gekühlten Wand zu beobachten. Knudsen glaubt, daß diese Erscheinung direkt durch die molekularen Unregelmäßigkeiten bei der Abscheidung verursacht sei. Uns schien dieser Einfluß nicht genügend, um das auffallend trübe Aussehen erklären zu können, welches auf eine beträchtliche Rauheit der Oberfläche schließen läßt. Dagegen scheint uns die Erklärung darin zu liegen, daß die kleinen, an sich wohl unmerklichen molekularen Unregelmäßigkeiten sich durch die geringere Wachstumsgeschwindigkeit der konkaven Stellen selbsttätig dauernd vergrößern und so den Effekt hervorrufen. Tatsächlich ist der erste Beschlag auch vollkommen spiegelnd, während das milchige Aussehen erst nach einer gewissen Zeit auftritt.

[1] M. Knudsen, Ann. d. Phys. **50**, 478, 1916.

Abb. 7: Aus: Zeitschrift für Physik 7 (1921), S. 13

Als erstes wichtiges Experimentalergebnis fand Volmer, daß eine „Vorzugsordnung der Kristalle nach der Richtung der sie aufbauenden Moleküle" besteht.[55] In Zusammenarbeit mit seinem Kollegen von der Mineralogie, Rudolph Groß, und später vor allem mit dem Physiker Immanuel Estermann gelangte Volmer schließlich zu der Ansicht, „daß der Vorgang der Molekülabscheidung an Kristallflächen nicht nach dem einfachen Schema — Reflexion oder Kondensation — betrachtet werden darf, daß vielmehr vor dem Eintritt in die feste Phase ein Zwischenzustand voraufgeht, der wohl als identisch mit dem adsorbierten Zustand anzusehen ist."[56]

Die fruchtbare Forschertätigkeit an der Hamburgischen Universität darf jedoch nicht über die dortigen ungünstigen Arbeitsbedingungen in der Physikalischen Chemie hinwegtäuschen. Sie ist vielmehr dem bekannten Talent Volmers zuzuschreiben, seine Versuchsanordnungen aus einfachen Mitteln selbst herzustellen. Für Studenten und Doktoranden bestand eine weit schlechtere Situation. Zwar wurde die Bedeutung des Faches allgemein eingesehen, doch fehlten zunächst die finanziellen Mittel. So hatte die mathematisch-naturwissenschaftliche Fakultät die Physikalische Chemie bereits im Dezember 1920 als selbständiges Fach anerkannt, aber die räumliche, apparative und personelle Ausstattung des Instituts bedurfte dringender Verbesserungen. Ein Brief Volmers an die Hochschulbehörde vom Mai 1921 spiegelt die Situation am Institut wider:

„... Die Physikalische Chemie bildet eine Zweig der Naturwissenschaften, der seit der Begründung durch Ostwald, Arrhenius [und] van't Hoff im Laufe von 40 Entwicklungsjahren sich eine der Physik und Chemie gleichwertige Stellung erobert hat, sowohl was die wissenschaftliche wie auch die technische Bedeutung anbelangt. ... In der reinen Forschung hat zur Zeit sogar die Physikalische Chemie den Vorrang vor der reinen Chemie. ... Die rationelle Ausnutzung der Steinkohle, eine der wichtigsten Aufgaben der Gegenwart, kann nur mit physikalisch-chemischen Mitteln erfolgreich in Angriff genommen werden. ...*

Die eigentliche Ausbildung findet in der Physikalischen Chemie wie in den Nachbarfächern durch praktische Arbeiten statt. Zur Anschaffung der hierzu erforderlichen Apparate ist die zur Verfügung gestellte Summe von 20 000 M benutzt worden. Natürlich konnte es sich dabei infolge der hohen Preise (ca. 1000 % der Friedenspreise) nur um die Anschaffung des allernotwendigsten handeln. ... Mehrere Studierende, die mit der Bitte um Doktorarbeiten sich gemeldet hatten, mussten aus Mangel an Raum und Mitteln abgewiesen werden. Nach dem Vorstehenden kann man also sagen, dass für die Pflege der Physikalischen Chemie an der hiesigen Fakultät im Vergleich zu den Nachbarfächern noch wenig gesorgt ist. ..."[57]

Nebenher wurde vom Chemischen Staatsinstitut aus die Umwandlung des Extraordinariats in ein Ordinariat betrieben. Dabei wies man stets darauf hin, daß in Berlin, Frankfurt a. M., Freiburg, Gießen, Göttingen, Halle, Leipzig und Marburg die Physikalische Chemie bereits durch ein Ordinariat vertreten wäre. Erst 1923 wurde diese Forderung durchgesetzt, als mit Otto Stern als Nachfolger Volmers der Lehrstuhl neu besetzt wurde. Volmer hatte zuvor, im Mai 1922, einen Ruf an die Technische Hochschule in Charlottenburg angenommen.[58]

II Ordentliche Professur an der Technischen Hochschule zu Berlin, bis 1933

Der Forscher

Am 1. Oktober 1922 trat Volmer die Stelle eines ordentlichen Professors und Vorstehers des Instituts für physikalische Chemie und Elektrochemie an der Technischen Hochschule zu Berlin an.[59] Er wurde Nachfolger des im Jahre 1920 verstorbenen Prof. Dr. F. Dolezalek.[60] Das Institut, in einem heute noch bestehenden Gebäude auf dem Hochschulgelände untergebracht, konnte auf eine längere Tradition als das in Hamburg zurückblicken. Personell wie apparativ besser ausgestattet, bot es Volmer von Beginn an günstigere Arbeitsbedingungen. Zudem konnte er seine Kontakte zu den Instituten der Friedrich-Wilhelm-Universität und der Kaiser-Wilhelm-Gesellschaft erneuern, — ebenso wie seine Beziehungen zur Auergesellschaft.

Die Institutionalisierung der Physikalischen Chemie an der Technischen Hochschule begann 1894, als ein Lehrstuhl für Elektrochemie und Elektroanalyse eingerichtet wurde. Den Lehrstuhl hatte zunächst Prof. Dr. G. von Knorre inne, der 1895 ein elektrochemisches Laboratorium aufbaute. Parallel zur Elektrochemie wurde ein Lehrstuhl für Physik und physikalische Chemie geschaffen, den 1907 Dolezalek erhielt. Nachdem die Elektrochemie kurzzeitig von dem Privatdozenten Dr. Franz Fischer vertreten worden war, übernahm Dolezalek 1913 auch dieses Gebiet.[61]

Die chemischen Disziplinen gehörten in jener Zeit zur Fakultät für Stoffwirtschaft, Fachabteilung Chemie und Hüttenkunde. In dieser Abteilung vertrat der Geheime Regierungsrat Prof. Dr. Miethe den Lehrstuhl für Photochemie, dem ein Laboratorium angeschlossen war. Volmer, durch seine bisherigen Arbeiten mit diesem Gebiet wohl vertraut, verließ nun diesen Forschungsbereich weitgehend. Auch an Volmers Institut selbst fand eine gewisse Arbeitsteilung statt. So beschäftigte sich der ständige Assistent, a. o. Professor Dr. Karl Herrmann, vor allem mit Kernreaktionen und mit Röntgenstrahlung, das heißt mit Gebieten, die Volmer zumindest an der Technischen Hochschule Berlin nie bearbeitete.[62]

Volmer wandte sich — nach einer kurzen Eingewöhnungszeit — wieder seiner durch den Institutswechsel unterbrochenen Forschung über die Phasenbildung zu. Dabei beschäftigten ihn zunächst die Fragen nach der Diffusion und der Übersättigung. Als wichtige theoretische Vorarbeit mußte er die thermodynamischen Grundlagen aufbereiten. Wie stets bei solchen Gelegenheiten sah Volmer zunächst in Gibbs' „Thermodynamik" nach. Denn er behauptete, daß dort derartige Probleme zumindest im Prinzip bereits behandelt worden wären. So bildete auch in den ersten Veröffentlichungen die Gibbs'sche Adsorptionsgleichung die theoretische Basis.[63] Aufgrund experimenteller Ergebnisse entwickelte sie Volmer zur erweiterten Langmuir-Isotherme. Die Gleichung trägt heute den Namen „Volmersche Adsorptionsgleichung".[64]

Volmers Bemühungen um die Probleme der Phasenbildung mündeten in Theorien über das Kristallwachstum, die die klassische Thermodynamik zur Grundlage hatten. Waren

Keimbildung in übersättigten Gebilden.

Von

M. Volmer und **A. Weber.**

(Mit 4 Figuren im Text.)

(Eingegangen am 21. 12. 25.)

1. Theorie.

Der hier zu beschreitende Weg geht auf Überlegungen von W. Gibbs zurück, die seither bei Behandlung der Keimbildungsfrage unbeachtet geblieben sind[1]), obgleich sie eine Möglichkeit bieten, das Problem exakter anzufassen, als es bisher geschehen ist. Wir nehmen der bequemen Ausdrucksweise halber zunächst einen speziellen Fall, nämlich die Bildung der flüssigen Phase aus einem übersättigten Dampf eines reinen Stoffes (Phase a). Der Druck des übersättigten Dampfes bei der konstanten Temperatur T sei p_r, während der kleinere Druck p_∞ den Druck des gesättigten Dampfes, d. h. den Gleichgewichtsdruck über einer ebenen Oberfläche der zugehörigen flüssigen Phase (b) bedeutet. Der Dampf vom Druck p_r ist nur unter gewissen Bedingungen, insbesondere nur bei Abwesenheit der flüssigen Phase stabil. Für diese Art von bedingter Stabilität ist der Ausdruck Metastabilität seit Ostwald gebräuchlich.

Den Grund für diese Art der Stabilität hat man schon seit langem in den bei der Bildung der neuen Phase auftretenden Kapillararbeiten erkannt. Als ein Beweis für die Richtigkeit dieser Auffassung kann man die Rechnungen von Smoluchowsky[2]) benutzen. Wenn, wie es dabei geschehen ist, die Kapillarkräfte unberücksichtigt bleiben, so ergibt sich, dass eine merkliche Substanzmenge nie eine beobachtbare Zeit hindurch im übersättigten Zustand gefunden werden kann. Die Kapillarkräfte sind die alleinige Ursache für die Metastabilität. Es ist daher berechtigt, mit Gibbs als Mass der (Meta-)Stabilität eines übersättigten Gebildes, z. B. Dampfes, die Arbeit zu nehmen, die gegen die

---

[1]) Uns wären die betreffenden Kapitel in den Thermodynamischen Studien von W. Gibbs, S. 296 ff., wohl auch entgangen, wenn wir nicht bereits vor der Lektüre ähnliche Überlegungen angestellt hätten.

[2]) Ann. d. Physik **25**, 205 (1908).

Abb. 8: Aus: Zeitschrift für Physikalische Chemie 119 (1926), S. 277

durch die Berechnung der Keimbildungsarbeit bei Gibbs bereits Ansätze aufgezeigt worden, gelang es Volmer, dieses Gebiet als zentrales wissenschaftliches Thema zu etablieren. Insbesondere für W. Kossel und I. N. Stranski sollte dieses Thema einen bedeutenden Arbeitsbereich bilden.[65]

Volmer selbst wandte sich nun mehr der Elektrochemie zu, die er ebenfalls am Institut zu vertreten hatte. Allerdings ist auch hier die Kontinuität seiner Arbeit durch den Zusammenhang mit Problemen des Kristallwachstums deutlich. So untersuchte Volmer das bis dahin ungelöste Problem der Überspannung bei Elektrodenvorgängen. Er begab sich damit auf das damals noch wenig behandelte Feld der Elektrodenkinetik. Zunächst beschäftigte er sich mit dem Problem der Wasserstoffüberspannung. „Überspannung" bezeichnet den Unterschied zwischen dem wirklich vorhandenen und dem reversiblen Elektrodenpotential. Volmer konnte experimentell nachweisen, daß während der Ausbildung der Überspannung „die durch den Strom an die Elektrode beförderten Wasserstoffionen nicht in merklichen Mengen entladen, sondern einfach in Doppelschicht eingereiht werden."[66] Diese Erkenntnisse ermöglichten die theoretische Herleitung der bekannten Tafelschen Gleichung, wobei deren empirische Implikationen modifiziert wurden. Volmer führte hierbei einen zunächst unbestimmten Faktor ein, der sich anschließend näher als Durchtrittsfaktor bestimmen ließ. Elektrodenreaktionen mit konstantem Durchtrittsfaktor werden heute als „Volmer-Typ" bezeichnet.[67]

Anfang der dreißiger Jahre weitete Volmer das Problemfeld auf die Metallüberspannung aus. Als Ergebnis entstand — in Zusammenarbeit mit T. Erdey-Grúz — der experimentelle Nachweis, daß „das schichtweise Auswachsen der Keime ausschlaggebend für die Geschwindigkeit der Abscheidung ist". Ferner konnte Volmer zeigen, daß die „Überspannung linear mit der wirklichen Stromdichte geht".[68] Die Bedeutung der Arbeiten zur Überspannung liegt nicht zuletzt darin, daß — wie L. Dunsch schreibt — „die Einführung einer kinetischen Betrachtungsweise ... vor allem durch den Einfluß von Ostwald und Nernst nicht vollzogen war".[69] Dagegen regte Volmers kinetischer Ansatz die Arbeiten vieler Wissenschaftler an, wie die von Richard Becker, Werner Döring oder Laszlo Farkas.

Die Darstellung der wissenschaftlichen Leistungen Volmers wäre unvollständig, wollte man nur diese Hauptarbeiten betrachten. Die Veröffentlichungen und Patentschriften aus jener Zeit zeigen, daß Volmer — zum Teil in Zusammenarbeit mit seinen Mitarbeitern und Schülern — auf vielen Gebieten der Physikalischen Chemie grundlegende Einzelfragen beantwortete. Darüberhinaus mangelte es ihm nie an Erfindungsgeist, um seine wissenschaftlichen Erkenntnisse in technische Produkte umzusetzen. Als Beispiel seien die Verfahren zur Aufzeichnung von elektrischen Signalen genannt, die sowohl für Schnellschreiber als auch für Bildschreiber tauglich waren. Sie beruhten auf der Anwendung der Elektroosmose, die eine direkte und damit äußerst schnelle Aufzeichnung von Signalen ermöglicht.[70]

In diesen Zusammenhang gehört auch eine Geschichte, die Volmer selbst gerne und häufig erzählte. Mitte der zwanziger Jahre, bei einer Teestunde, sprach er mit einem Herren über Probleme der Radioindustrie. Dort überlegte man zu jener Zeit, wie man bei hochohmigen Widerständen kleinere Dimensionierungen erreichen könnte. Nach kurzer

Erwägung des Problems schlug Volmer vor, mit einer Kohleschicht belegte Keramikstäbe zu verwenden. Durch einen Schraubengang sollte die Kohle teilweise mechanisch entfernt werden, wodurch ein hochohmiger Widerstand entstehen würde. Nach einiger Zeit wurde Volmer von dem besagten Herren wieder aufgesucht. Dieser bot ihm für seine „Erfindung" entweder ein einmaliges Honorar oder eine Lizenz. Volmer, nachdem er seine Überraschung überwunden hatte, zog das einmalige Honorar vor. Mit dem Geld finanzierte er dann sein Haus, das er in Babelsberg, Jägersteig 8 bauen ließ.

Kinetische Behandlung der Keimbildung in übersättigten Dämpfen

Von R. Becker und W. Döring

(Mit 8 Figuren)

Einleitung und Übersicht

Die „Keimbildung in übersättigten Gebilden" (z. B. die Nebelbildung in übersättigtem Wasserdampf) wurde erstmalig von Volmer und Weber[1]) einer quantitativen Behandlung zugänglich gemacht. Zu jeder Übersättigung gehört eine bestimmte kritische Tröpfchengröße der neuen Phase von der Art, daß der Dampf nur gegenüber solchen Tröpfchen übersättigt ist, welche größer sind als das kritische Tröpfchen. Gegenüber kleineren Tröpfchen ist der Dampf dagegen untersättigt. Zur Nebelbildung ist es also erforderlich, daß zunächst einmal durch eine typische Schwankungserscheinung „Keime", d. h. Tröpfchen von eben jener kritischen Größe entstehen. Die Häufigkeit solcher Vorgänge ist nach dem Zusammenhang zwischen Entropie und Wahrscheinlichkeit proportional zu $e^{-\frac{A_{krit.}}{kT}}$, wenn man mit $A_{krit.}$ die zur reversiblen Erzeugung eines solchen Tröpfchens erforderliche Arbeit bezeichnet. Die Volmersche Berechnung ist im folgenden § 1 kurz wiedergegeben. Die dabei noch unbestimmt bleibende Proportionalitätskonstante K [in unserer Gl. (5)] wurde für den Fall der Tröpfchenbildung durch eine kinetische Betrachtung von Farkas[2]) berechnet, deren Ergebnis wir (in § 2) unter Verwendung einer durchsichtigeren Rechenmethode vollauf bestätigen können. Der Nachteil der Rechnungen von Farkas, sowie der im Anschluß daran durchgeführten Betrachtungen von Stranski und Kaischew[3]) liegt darin, daß diese Autoren die elementaren Gleichungen des kinetischen Ansatzes, deren jede sich auf Verdampfen und Kondensieren eines

---

1) M. Volmer u. A. Weber, Ztschr. f. phys. Chem. **119**. S. 277. 1926
M. Volmer, Ztschr. f. Elektrochem. **35**. S. 555. 1929.

2) L. Farkas, Ztschr. f. phys. Chem. **125**. S. 236. 1927.

3) R. Kaischew u. I. N. Stranski, Ztschr. f. phys. Chem. B. **26**. S. 317. 1934; I. N. Stranski u. R. Kaischew, Phys. Ztschr. **26**. S. 393. 1935.

Abb. 9: Aus: Annalen der Physik 24 (1935), S. 719

Die Persönlichkeit

Bevor Volmer zu einem eigenen Haus gelangte, wohnte er in der Professorensiedlung an der Konstanzerstraße in Wilmersdorf. Um seinen botanischen und entomologischen Interessen besser nachgehen zu können, hielt er nach einem geeigneten Grundstück Ausschau. Babelsberg bot diese Vorzüge und ermöglichte darüberhinaus eine schnelle S-Bahn-Verbindung zur Hochschule. Das Haus erbaute ein ihm befreundeter Kollege, der Architekt Emil Rüster, der bald darauf sein Nachbar wurde. In seinem Garten legte Volmer eine Orchideenzucht an, die weltweite Beachtung fand. Ferner erweiterte er in nächtlichen Aktionen beträchtlich seine Schmetterlingssammlung.

Das Haus selbst wurde geschmackvoll mit Biedermeiermöbeln eingerichtet, wie die zahlreichen Gäste bewundernd hervorheben. Auch Musikinstrumente waren reichlich vorhanden, von denen bei den häufigen Hausmusikabenden reger Gebrauch gemacht wurde. Volmer spielte auf der Laute oder am Flügel; daneben war er für seine Gesangsoli bekannt. Lotte und Max Volmer sollen auch mit Albert Einstein zusammen musiziert haben.

Bei Konzerten und Opernaufführungen sah man das Ehepaar Volmer regelmäßig. Insbesonders Frau Volmer, als „höhere Tochter" erzogen, soll die kulturellen Angebote Berlins in den zwanziger Jahren uneingeschränkt genossen haben. Volmers Liebe für das Schöne, die er mit seiner Gattin teilte, sein Wahrheitsanspruch und seine liberale Gesinnung lassen ihn als vollendeten Humanisten erscheinen. Durch seinen Charme und seinen Humor gewann er schnell die Herzen seiner Mitmenschen. Allerdings, — er pflegte sich seine Freunde auszusuchen und stellte hohe Anforderungen an sie. So überrascht es nicht weiter, wenn er — wie erzählt wird — reizbar war oder arrogant wirkte. Es wird wohl der ausgleichenden Natur seiner Gattin zuzuschreiben gewesen sein, daß sich diese Züge bei ihm nicht allzusehr verfestigten.

Volmers Charme wie auch seine Unvoreingenommenheit soll bewirkt haben, daß das Institut für Physikalische Chemie nie an „Frauenmangel" zu leiden hatte. Aber — anders wohl als Nernst — dürfte Volmer nie von seinen Ansprüchen abgelassen haben. Er wurde uneingeschränkt als Chef geachtet. Seine Studenten bewunderten ihn derart, daß sie sich den Spott ihrer Kommilitonen einhandelten: Diese bezeichneten ihn ironisch als „lieben Gott". Niemand wagte es, Volmers heiligen Mittagsschlaf zu stören, auch nicht in dringenden Angelegenheiten. Es muß jedoch darauf hingewiesen werden, daß diese Ruhepause aus gesundheitlichen Gründen erfolgte.

Lotte Volmer, die ihrem Gatten zuliebe ihre wissenschaftliche Karriere aufgegeben hatte, umsorgte ihn beständig. Und er soll es genossen haben, sich von den irdischen Dingen fern halten zu lassen. Aufgrund seiner schwächlichen Konstitution war er darüberhinaus häufig auf ihre Pflege angewiesen. Die gesundheitliche Sensibilität bedingte auch, daß Volmer meist früh zu Bett ging. Er nutzte diese Zeit für schöngeistige Lektüre, — bevorzugt in Originalsprache. Aber auch der Geselligkeit tat dies keinen Abbruch. So wird erzählt, daß er Besuche häufig an seinem Bett zu empfangen pflegte.

Volmer unternahm ausgedehnte Urlaubsreisen, die ihn bis nach Nordafrika führten. Die Reisen wurden vornehmlich mit dem Automobil unternommen, wobei nahezu selbstver-

Abb. 10: Max und Lotte Volmer auf einem Spaziergang, Ende der 20er Jahre

ständlich Frau Volmer chauffierte. Der Grund dafür wird wohl darin zu sehen sein, daß er sich nie auf das Autofahren konzentrieren konnte: Er hielt stets nach den Schönheiten der Natur Ausschau. Die Auswahl des Zielortes war hauptsächlich der Sammelleidenschaft Volmers untergeordnet. Seltene Orchideen oder seltene Schmetterlinge übten auf ihn einen besonderen Reiz aus. Im Reisegepäck befanden sich Schmetterlingspuppen als Tauschobjekte, denn in den Hotels, in denen sie Quartier bezogen, waren häufig Sammlerbörsen zu finden.

Volmers Begeisterung für die Natur beschränkte sich auf das Lebende. Unternahm seine Gattin Bergwanderungen über die Vegetationszone hinaus, dann ohne seine Begleitung. Von sportlichem Ehrgeiz war er vollkommen frei. Wenn er mit seiner Gattin und Freunden Schlittschuhlaufen ging, stand stets das Gesellige im Vordergrund.

Volmers Lebensstil wie auch seine Wertvorstellungen beruhen nicht zuletzt darauf, daß er sich finanziell frei bewegen konnte. Seine Nebenverdienste bei der Industrie sowie der Rückhalt durch seine ebenfalls begüterte Gattin bildeten wichtige Voraussetzungen. Das überlieferte Bild eines harmonischen und glücklichen Ehepaares dürfte somit zutreffen. In dieses Bild paßte offensichtlich kein Kindergeschrei: Das Ehepaar Volmer blieb kinderlos. Nicht ohne Ironie merkte eine Bekannte an, daß der wegen der seltenen Pflanzen nur mit äußerster Vorsicht begehbare Garten einer kindlichen Entwicklung auch kaum Raum geboten hätte.

Der Kollege

Volmer wandte sich insbesondere zu Beginn seiner Berliner Professur voll Elan den Aufgaben an der Hochschule zu. An sich und seine Mitarbeiter stellte er hohe Ansprüche. Dabei war es für ihn selbstverständlich, nicht aktuellen Tagesproblemen in der Forschung nachzugehen, sondern systematisch grundlegende Gebiete zu erarbeiten. Obwohl er auf der Grundlage seiner breitgefächerten Kenntnisse unablässig neue Ideen produzierte, beließ er es meist bei Anregungen.

Sowenig wie in der Forschung beschäftigte er sich auch in der Politik mit Tagesproblemen. Dagegen spricht natürlich nicht die Tatsache, daß er bereits im zweiten Jahr in Berlin dem Senat der Hochschule angehörte und ein Jahr später als — wohl jüngster — Dekan der Fakultät für Stoffwirtschaft gewählt wurde.[71] Zur Einschätzung von Volmers diesbezüglichem Engagement sei allgemeiner auf die Arbeitsbedingungen im Bereich der Chemie während der Weimarer Republik eingegangen.[72]

Mit dem Zusammenbruch der Wirtschaft nach dem Ersten Weltkrieg und der daraus folgenden Notlage der Wissenschaft engagierte sich die chemische Industrie verstärkt in der akademischen Forschung. Dies geschah hauptsächlich über Fachgesellschaften, an deren Spitze die „Emil-Fischer-Gesellschaft zur chemischen Forschung e.V.", die „Adolf-Baeyer-Gesellschaft zur Förderung der chemischen Literatur" und die „Justus-Liebig-Gesellschaft zur Förderung des chemischen Unterrichts" standen. Die Hochschulen erhielten dadurch gezielte finanzielle Unterstützung. Die chemische Industrie hatte zudem bei der 1918 gegründeten „Notgemeinschaft der Deutschen Wissenschaft" eine entscheidende

INSTITUT FÜR
PHYSIKALISCHE CHEMIE
UND ELEKTROCHEMIE
DER TECHN. HOCHSCHULE
BERLIN
PROF. Dr. M. VOLMER

CHARLOTTENBURG, DEN 14.Mai 1934.
BERLINER STR. 171-172
FERNSPRECHER: C 1 STEINPLATZ 0011, APPARAT 227

Sehr geehrter Herr Kollege Debye!

Sie haben mir am letzten Sonnabend einen Floh ins Ohr gesetzt und müssen es sich daher schon gefallen lassen,dass ich Sie noch einmal behellige. Der Gedanke,die Absorption der kurzen elektrischen Wellen für die Erforschung der grösseren Molekülkomplexe nutzbar zu machen,hat mich seit einiger Zeit beschäftigt. Bei der Durchsicht der Literatur habe ich gefunden,dass schon recht viel experimentelles Material speziell über Wasser vorliegt aber noch kein einigermassen quantitatives Verständnis der Spektren. Ihre Bemerkung,dass dem letzteren nicht so sei,hat mich überrascht,und ich wäre Ihnen sehr dankbar,wenn Sie mir eine entsprechende Literaturstelle angeben könnten. Handelt es sich aber darum,dass Sie es selbst verstehen,ohne es publiziert zu haben,so möchte ich Ihnen doch dringend nahe legen, Ihre Gedanken der Mitwelt nicht länger vorzuenthalten,damit die weitere Bearbeitung dieses Gebietes,an der ich mich gern beteilige,in Fluss kommt.

Mit besten Empfehlungen

Ihr stets sehr ergebener,

Abb. 11

31

Rolle inne. Wissenschaftspolitisch bedeutende Personen wie Schmidt-Ott, Duisberg, Stinnes, Vögler und Haber bemühten sich, weite Kreise der Industrie und der Banken zu interessieren. Im November 1920 konnte die Notgemeinschaft darüberhinaus vom Reichsfinanzministerium einen einmaligen Betrag in der Höhe von 20 Millionen Mark erhalten.

In der Notgemeinschaft gehörten dem Fachausschuß für Chemie unter anderem die Berliner Professoren Walther Nernst von der Universität und Robert Pschorr vom Organischen Institut der Technischen Hochschule an. Bei einer späteren Unterteilung in Spezialgebiete wurde die Physikalische Chemie durch Max Bodenstein, der an der Universität lehrte, vertreten. Volmer, der erst Ende 1933 zur Mitarbeit in der Notgemeinschaft aufgefordert wurde, scheint sich in jener Zeit nicht in derartigen Gremien engagiert zu haben. Für notwendige Anschaffungen beschränkte er sich hauptsächlich auf seinen Etat an der Hochschule. Darüberhinaus dürfte ein Teil seiner Gutachtererträge in die Institutskasse geflossen sein.

Das geringe wissenschaftspolitische Engagement Volmers berührte in keiner Weise das Ansehen, das er bei seinen Kollegen genoß. Die Akzeptanz seiner wissenschaftlichen Arbeit erreichte er durch die Grundlagenforschung auf einem exakt abgegrenzten, damals wenig behandelten Gebiet. Gerade hierüber konnte er innovativ auf die übrige Forschung wirken. Ferner pflegte er, wenn auch im begrenzten Rahmen, Kontakte zu anderen Wissenschaftlern. Die fachlichen und persönlichen Beziehungen der Physiko-Chemiker untereinander dürfen aber nicht über die Konkurrenzsituation hinwegtäuschen, — ein Umstand, den Volmer häufig beklagt haben soll. Der wissenschaftliche Austausch, wie er sich in der Form von gemeinsam veranstalteten Kolloquien institutionalisiert hatte, blieb auf einer abstrakten, theoretischen Ebene. So läßt sich heute das Verhältnis von Volmer und Nernst nicht mehr eindeutig rekonstruieren. Zwar wird von interessanten, hart und offen geführten Diskussionen über chemische und physikalische Probleme berichtet. Doch soll Nernst seinen Kollegen allgemein kaum Einblick in seine tägliche Forschung gewährt haben, — ein Umgang, der Volmers humanistischen Idealen widersprach.

Anders dagegen gestaltete sich das Kolloquium, das Volmer ins Leben rief, nachdem Gustav Hertz und Richard Becker an die Technische Hochschule berufen worden waren.[73] Ohne den unmittelbaren Konkurrenzdruck, Hertz und Becker waren Physiker, gestaltete sich das sogenannte „Volmer-Kolloquium" zu einer anerkannten Institution, in der fruchtbare Anregungen für alle Seiten entstanden. Darüberhinaus entwickelte sich zwischen Becker, Hertz und Volmer eine freundschaftliche Beziehung.

Insgesamt kann man die Zeit bis 1933 als die wissenschaftlich aktivste Epoche Volmers ansehen. Er gewann internationales Ansehen, wie seine Teilnahme an internationalen Tagungen und Kongressen zeigt. So folgte er unter anderem 1932 einer Einladung in die Sowjetunion. Auf der vom 20. bis 24. September stattfindenden Neunten Physikalisch-Chemischen Tagung in Moskau berichtete er von seinen neuesten Forschungsergebnissen über das Problem der Überspannung.[74] Die freundliche Aufnahme in Moskau, die dort entstehende Freundschaft mit dem Kollegen A. Frumkin sowie das Arbeitsklima bei der Tagung ließen ihn den Aufenthalt zu einem angenehmen Erlebnis werden. Der Kontakt zu sowjetischen Wissenschaftlern sollte zudem in seinem weiteren Lebensweg an Bedeutung gewinnen.

Hier sei jedoch noch einmal auf ein Charakteristikum der Wissenschaft in der späten Weimarer Republik eingegangen. Das hohe Ansehen der chemischen Forschung Deutschlands brachte einen großen Anteil ausländischer Stipendiaten an die deutschen Universitäten und Hochschulen. Unter den Gästen an Volmers Institut befand sich unter anderem Iwan N. Stranski, der 1930/31 ein Stipendium der Rockefeller Foundation erhalten hatte.[75] Stranski, zu jener Zeit außerordentlicher Professor an der Universität in Sofia, beschäftigte sich — wie erwähnt — mit Modellen des Kristallwachstums. Aus den intensiven Diskussionen am Institut erwuchsen Erkenntnisse, die sich für die Entwicklung der Theorien der Keimbildung und des Kristallwachstums als äußerst fruchtbar erwiesen. Stranski und Volmer verband bald eine enge Freundschaft, die sich bis an Volmers Lebensende bewährte.

Der Chef

Die fruchtbaren Diskussionen von Volmer und Stranski deuten auf die gute Atmosphäre am Volmerschen Institut hin. Stranski selbst gibt einen Eindruck davon, als er in seiner Widmung zum 65. Geburtstag des damaligen Assistenten Kurt Neumann schrieb: „Auch mich nahm diese Gemeinde [die sich um Volmer scharte] auf. ... Das Institut war Treffpunkt vieler Wissenschaftler anderer Institute. So traf man dort außer Kurt Neumann auch Eugen Wigner, Egon Orowan, Leo Szilard, H. Flood, H. Froelich, T. Erdey-Grúz, natürlich R. Becker, W. Döring, Hans Cassel, K. Herrmann und noch viele andere."[76] Zu der Gemeinde, die sich um Volmer scharte, zählten auch — wie Kurt Neumann — dessen Schüler.

Wie wurde man ein Schüler von Volmer? Betrachtet man die Studentenzahlen für das Fach Chemie an der Technischen Hochschule zu Berlin, so belief sie sich in jener Zeit auf circa 200 bis 300.[77] Für den Bereich der Physikalischen Chemie dürfte sie knapp ein Viertel davon betragen haben. Diese Zahl überstieg bei weitem die Kapazität des Instituts, insbesondere in Hinblick auf die Praktikumsplätze. Brachte so der Kampf um einen Laborplatz eine gewisse Vorauslese mit sich, bildeten die Vorlesungen von Volmer eine weitere Hürde. Die Berichte ehemaliger Studenten differieren stark. Sie stimmen jedoch zumindest in dem Punkt überein, daß die Vorlesungen sehr schwierig gewesen sein sollen. Sie waren weniger nach didaktischen Gesichtspunkten aufgebaut, auch hielt sich Volmer nie an Lehrbücher, wie an die seinerzeit gebräuchlichen von Arnold Eucken oder von John Eggert. Vielmehr diskutierte Volmer aktuelle Themen, um die Studenten für weiterführende Probleme zu interessieren. So konnte nur ein kleiner Kreis folgen, der jedoch die Anregungen mit Begeisterung aufnahm. Es sei noch angemerkt, daß Volmer einen viersemestrigen Vorlesungszyklus anbot, der folgende Gebiete umfaßte: 1. Chemische Thermodynamik, 2. Elektrochemie, 3. Kinetik und 4. Atomtheorie.

Volmer konnte und wollte sich bei der großen Zahl der Studenten nicht jedem einzelnen widmen. Zwar war er prinzipiell für jeden jederzeit zu sprechen, aber, so hört man, er konnte auch einmal grob werden, wenn man ihm zuviel Zeit nahm. Gewöhnlich erregte man sein Interesse dadurch, daß man eine überdurchschnittliche Diplomarbeit anfertigte. Denn bis zum Diplom hatten die Studenten gewöhnlich nur mit Assistenten Kontakt, und die hierarchische Struktur der Institute jener Zeit erzeugte eine gewisse Schwellenangst, beim Chef persönlich vorzusprechen.

Kurt Neumann, heute emeritierter Professor in Gießen, hatte es geschafft, ein Volmer-Schüler im engeren Sinn zu werden.[78] Er begann 1924 mit dem Studium der Chemie und erkämpfte sich bei K. A. Hofmann einen Platz im Anorganischen Grundpraktikum. Von den Vorlesungen Volmers begeistert, meldete er sich bei ihm 1929 zum Diplom an. 1930 hatte er bereits die Promotion mit Auszeichnung bestanden. 1934 wurde er planmäßiger Assistent und konnte sich 1935 habilitieren. Volmer soll ihn bereits als Nachfolger vorgesehen haben; eine steile Karriere schien vorgezeichnet. Doch in der Zwischenzeit hatte sich das nationalsozialistische Regime etabliert. Die daraus entstandene Situation für die Wissenschaftler sowie deren Konsequenzen sollen im folgenden Kapitel behandelt werden.

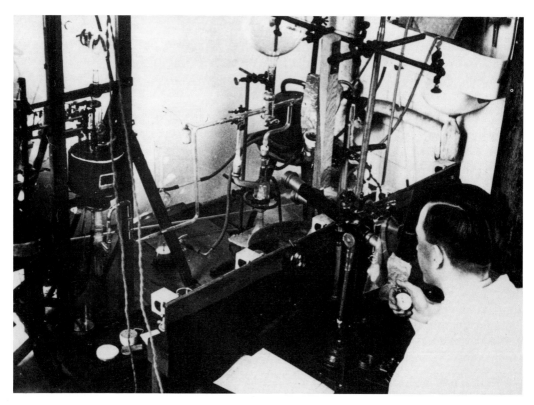

Abb. 12: Kurt Neumann (Emeritus in Gießen) bei seiner Doktorarbeit, 1930

Hier sei nur noch angemerkt, daß der Kreis der Mitarbeiter und Doktoranden Volmers eine fest zusammenhaltende, fröhliche Gemeinschaft um ihren Chef bildete. Zeugnisse davon sind die Berichte von Institutsausflügen oder Weihnachtsfeiern. Auch wenn Volmer nicht immer dabei sein konnte, da er häufig auf Tagungen war, herrschte stets eine familiäre Atmosphäre. Die Gedichte, die zu diesen Anlässen vorgebracht wurden, geben dies anschaulich wieder. Ein Beispiel sei hier angeführt:

Vorüber sind die guten Tage
wo man den Nachtschlaf uns gegönnt.
Nach des Tages Müh' und Plage
waren wir daran gewöhnt.
Auf der Treppe Volmer kauert
mit der Stoppuhr in der Hand,
und auf seine Leute lauert,
wenn sie kommen angerannt.

War man gerade ohne Sorgen
schon verdorben ist der Morgen.
Besser schützt man sich davor,
kommt man mittags ins Labor.
Volmer liegt dann auf dem Ohr,
und wir singen froh im Chor:
Maxe hat sich hingehauen,
um in Ruhe zu verdauen.[79]

Diese ironische Attacke auf eine Anwandlung zur Disziplinierung zeigt gerade deren Ausnahmesituation. Denn Volmer selbst verbrachte nur die absolut notwendige Zeit am Institut, dann aber äußerst konzentriert arbeitend. Natürlich verlangte er auch von seinen Mitarbeitern gute Leistungen. Und es wird wohl als Auszeichnung verstanden worden sein, wenn er etwa gemeinsam mit seinen Schülern ihre Doktorarbeiten veröffentlichte. In diesem Zusammenhang sei darauf hingewiesen, daß Volmer die unvollendet gebliebene Arbeit einer verstorbenen Doktorandin überarbeitete und unter ihrem Namen herausgab.[80]

Abb. 13: Max Volmer mit seiner Gattin (rechts vor ihm sitzend) auf einer Institutsfeier, Anfang der 30er Jahre

III Nationalsozialismus und Zerfall des Instituts

Politik und Wissenschaft

Anfang 1933 fand die Machtergreifung des Nationalsozialismus statt. Am 30. 1. wurde Adolf Hitler Reichskanzler, am 1. 2. der Reichstag aufgelöst. Am 24. März trat das „Gesetz zur Behebung der Not von Volk und Reich", das sogenannte Ermächtigungsgesetz in Kraft. Am 7. April wurde das „Gesetz zur Wiederherstellung des Berufbeamtentums" erlassen.

Diese und andere Verordnungen und Gesetzesbestimmungen sollten der „Gleichschaltung" und der „Säuberung" dienen, das heißt der Verdrängung von „Nichtariern" sowie von Kommunisten und sonstigen Oppositionellen aus den öffentlichen Ämtern. Die erste Maßnahme, die Volmer unmittelbar betrifft, besteht in der Fragebogenaktion für Beamte Anfang April. Er muß unter anderem den Nachweis erbringen, daß „die Rassezugehörigkeit der 4 Großeltern arisch" ist.[81] Befreundete Kollegen gerieten bereits zu diesem Zeitpunkt in existenzielle Schwierigkeiten: Die erste Emigrationswelle setzte ein, die ersten Zwangsemeritierungen fanden statt. Nernst ließ sich in den Ruhestand versetzen, da er keine Kooperationsmöglichkeiten mit der „Deutschen Physik" sah. Stern verließ die Universität und emigrierte, sowohl aus Protest gegen die Entlassung einiger Kollegen als auch, um einer bevorstehenden Zwangsversetzung vorzubeugen.

Die Mitarbeiter an Volmers Institut blieben zunächst von Verfolgungen verschont. Als einem Kollegen von der Hochschule gedroht wurde, ihm die Professur zu entziehen, soll Volmer den Rücktritt aller Fakultätskollegen gefordert haben. Eine derartige solidarische Handlung war aber nicht zu erwarten. Zudem gilt als erwiesen, daß an der Technischen Hochschule zu Berlin bereits vor 1933 eine überdurchschnittliche Anzahl der Wissenschaftler nationalsozialistisch gesinnt war.[82] Für Volmer dürfte dieses Erlebnis einen ersten Schritt zur Resignation bedeutet haben. Zwar verhehlte er nie seine Abneigung gegen das herrschende System. Auch blieb er stets seinen humanistischen Überzeugungen treu. Ein genuin politisches Handeln oder gar ein antifaschistischer Widerstand hätte jedoch seiner Lebensauffassung widersprochen. So riet er seinen Mitarbeitern stets, sich partiell anzupassen, um ihre wissenschaftliche Karriere nicht zu gefährden. Er selbst gehörte jedoch nachweislich weder der Partei noch einer ihrer Gliederungen an.[83]

Mit dem Studienjahr 1933/34 machte sich ein weiterer Einfluß des nationalsozialistischen Regimes an den Hochschulen bemerkbar. Dessen wissenschaftsfeindliche Ideologie erzeugte und unterstützte Bestrebungen, die Studentenzahlen zu reduzieren. Sie kam damit der Intention der chemischen Industrie entgegen, die bereits gegen Ende der Weimarer Republik der gesunkenen Nachfrage an Hochschulabsolventen begegnen wollte. Im April 1933 war das sogenannte „Gesetz gegen die Überfüllung deutscher Hochschulen und Schulen" erlassen worden, das sich nun im Wintersemester auszuwirken begann. Ein Anstieg der Studentenzahlen erfolgte erst, als im Zuge der Kriegsvorbereitungen die Bedeutung der wissenschaftlichen Forschung offensichtlich wurde. Zur Kontrolle des Bedarfs an Hochschullehrern initiierte der Chemiker Rudolf Mentzel, im Reichserziehungsministerium tätig und Präsident der Deutschen Forschungsgemeinschaft (ehemals

Notgemeinschaft), eine Erhebung über den Vorlesungsbesuch. Hiernach lag dieser bei Volmer in den Jahren 1937/1938 wieder auf dem früheren Niveau von circa einhundert Studenten.[84] Eine weitere Maßnahme von 1933 war die Umstrukturierung der Fakultäten. Volmers Institut kam von der „Stoffwirtschaft" zu den „Allgemeinen Wissenschaften", die nun vor allem Mathematik, Naturwissenschaften und Wirtschaftswissenschaften umschloß. Durch diese Umstrukturierung reduzierte sich das Lehrangebot in der Physikalischen Chemie.[85] 1934 mußte als erster der jüdische Mitarbeiter Dr. H. M. Cassel emigrieren.

Der Herrschaftsanspruch der Regierung konnte sich nur mithilfe einer funktionierenden Industrie aufrechterhalten lassen. Von daher bestand Hoffnung, das Ausbluten der Naturwissenschaft zu verhindern. So regte die Deutsche Bunsen-Gesellschaft für angewandte physikalische Chemie Ende 1933 ein Förderungsprogramm für die Forschung an, das von der Notgemeinschaft unterstützt werden sollte.[86] Einige ihrer angesehenen Mitglieder, wie Debye, Eucken, Stock, Grimm, Volmer und Bodenstein, unterbreiteten erste Vorschläge zur Förderung der Physikalischen Chemie. Unter der Leitug des Staatsministers Schmidt-Ott fand am 3. 3. 1934 die erste Sitzung statt, auf der die Argumentationen für die Förderungswürdigkeit diskutiert wurden. Volmers Hinweis auf Vergleiche mit ausländischen Arbeiten blieb ohne Resonanz. Auf der entscheidenden Sitzung vom 12. 5. 1934 stellten die nahezu vollständig anwesenden Physiko-Chemiker detaillierte Anträge. Volmer gab als Spezialgebiet das der Phasengrenzen an, das sich in vier Punkte unterteilte:

1. *Ausbildung von Potentialsprüngen an der Grenze fester Phasen (Reibungselektrizität, Sperrschichteffekt)*
2. *Reaktionshemmungen bei elektrolytischen Prozessen*
3. *Rolle der Grenzphase bei Aggregatszustandsänderungen*
4. *Keimbildung in Dämpfen.*

Nur für das erste Arbeitsgebiet forderte er Mittel an, sowohl für die apparative Ausstattung als auch für ein bis zwei Stipendien. In der Begründung seines Antrags wies er insbesondere auf die Beziehungen zur anerkannteren Elektrochemie hin. Die Prioritäten bei der Vergabe der Forschungsmittel waren natürlich zuvor unter den Kollegen abgesprochen worden. Umsomehr ist es auffällig, daß Volmer, trotz seiner hohen Reputation, derart bescheidene Forderungen erhebt.

Das Ansehen Volmers, der in seinem fünfzigsten Lebensjahr stand, hätte es lange verdient, eine offizielle Würdigung zu finden. Denn im Kollegenkreis wurden seine theoretischen Kenntnisse und seine experimentellen Fertigkeiten ebensosehr wie seine originelle Denkweise geschätzt. Mit einer ähnlich lautenden Begründung wurde seine Wahl zum ordentlichen Mitglied der Preußischen Akademie der Wissenschaften vorgeschlagen. Den Wahlvorschlag, am 25. 10. 1934 eingereicht, unterschrieben Max Bodenstein, K. A. Hofmann, Otto Hahn, Walther Nernst und Rudolf Schenck. Volmer wurde mit absoluter Mehrheit gewählt. Max Planck, als Sekretär der mathematisch-physikalischen Klasse, beantragte am 6. 12. 1934, daß die Wahl vom Ministerium für Wissenschaft, Kunst und Volksbildung bestätigt würde.[87] Die Bestätigung des zuständigen Ministers, Bernhard Rust, blieb jedoch aus.

Erst auf Nachfragen von befreundeten Kollegen beschäftigte sich das Amt für Wissenschaft Ende 1936 mit der Frage der Bestätigung. Nach umfassender Recherche verweigerte schließlich Rust „im Einvernehmen mit dem Stellvertreter des Führers", dessen Amt über den NSD-Dozentenbund die politische Zuverlässigkeit der Hochschullehrer überwachte, die Bestätigung der Wahl. In einem Schreiben vom 17. 9. 1938, das an die Preußische Akademie und an den Rektor der Technischen Hochschule gesandt wurde, lautet die Begründung: „Zur Repräsentation des nationalsozialistischen Staates ist die politische Haltung Volmers nicht klar genug."[88] Zwei Wochen zuvor war Volmer das „Treuedienst-Ehrenabzeichen 2. Stufe für Beamte, Angestellte und Arbeiter im öffentlichen Dienst" von eben diesem Ministerium verliehen worden.[89]

Dem zweiten Wahlvorschlag für die Mitgliedschaft in der Akademie aus dem Jahre 1942 ist ein ähnliches Schicksal beschieden. Den Vorschlag hatten diesmal Max Bodenstein, Max von Laue, Adolf Butenandt, Otto Hahn, Adolf Windaus und Hans Geiger unterzeichnet. Peter Adolf Thießen gab fernmündlich seine Zustimmung. Unter dem Sekretär Ludwig Bieberbach, einem der Exponenten nationalsozialistischer Wissenschaftspolitik, wurde nun die Wahl bereits innerhalb der Akademie ad libitum vertagt.[90]

Der Zerfall des Instituts

Die Verweigerung der Mitgliedschaft in der Akademie sollte nicht die einzige Repressalie gegen Volmer bleiben. Zunächst scheint sich die nationalsozialistische Politik neben den bereits erwähnten Entlassungen vor allem auf die finanzielle Situation am Institut ausgewirkt zu haben. Auf einer Karteikarte, die Auskunft über außeretatmäßige Zuwendungen der Hochschule an Volmer während der gesamten Zeit gibt, findet sich lediglich ein einmaliger Betrag von 2000 RM im Oktober 1934.[91] Er wurde zum Bau einer nicht näher bezeichneten Apparatur verwandt. Abgesehen von einer geringen Förderung durch die Notgemeinschaft war Volmer, wie berichtet wird, hauptsächlich auf eigene Mittel angewiesen. Nur Dank der vielgerühmten Experimentierkunst Volmers und des Trainings, das er seinen Schülern angedeihen ließ, kam die Laborarbeit am Institut nicht vollständig zum Erliegen. Frau Dr. Asby, die sich damals unter ihrem Mädchennamen Gertrud Zimmermann auf ihr Diplom vorbereitete, erinnert sich:

„Ich arbeitete an der Verbrennung von verschiedenen Petroleumsorten... Die immer brennende Petroleumlampe brachte mir von Volmer's Seite die Bezeichnung „Törichte Jungfrau" ein, ungeachtet der Tatsache, daß es die klugen Jungfrauen waren, die brennende Öllampen hatten, als ihr Herr kam. — Im Gange der Untersuchungen brauchte ich einen Leichtmetallbehälter, den ich herstellen lassen sollte. Vom Improvisationsgeist des Instituts erfüllt, ging ich den einfachen Weg und kaufte beim KDW ein Alluminiumkasserol in passender Größe und baute es ein. Dies war aber selbst Prof. Volmer zuviel und er bat mich, doch wenigstens die Henkel des Topfes zu entfernen und dadurch den Kücheneindruck etwas zu mindern."[92]

Derartige Berichte, wenn sie auch etwas durch die Liebe zum Chef verklärt sind, illustrieren doch die Atmosphäre am Institut. In den Gedichten, die bei den Institutsfeiern entstanden, kommt Ähnliches zum Ausdruck. So werden anläßlich des 50. Geburtstags von

Volmer, am 3. Mai 1935, die Tendenzen des Chefs besungen, sich von einem schnöden Chemiker zu einem edlen Philosophen zu wandeln. Im Gegensatz zu seinem früheren Arbeitseifer würde er sich immer mehr der Naturbetrachtung widmen. Die melodramatische Form, die auf Volmers Resignation anspielt, weicht in dem Weihnachtsgedicht desselben Jahres einem herben Realismus. Dort wird explizit der „Verfall" des Instituts beschrieben: Defekte Instrumente und fehlende Ersatzteile lähmen den Elan der Mitarbeiter. Die Präsenz im Labor geht zurück, die Kaffeepausen vermehren sich. Allerdings, wie bei einem Jahreswechsel üblich, endet das Gedicht optimistisch:

„Versichert darum seid, daß aus den heutigen Sorgen
erblühen wird uns ein herrliches Morgen.
Wir glauben, obwohl erst am Fuß der Leiter:
Von nun ab geht der Verfall nicht weiter."[93]

Der Optimismus trügt. Trotzdem sind die Leistungen, die unter diesen Umständen am Institut entstanden, nicht gering zu schätzen. Dabei sollten sich die politischen Maßnahmen immer schärfer auswirken. Einen Eindruck davon bekam der Assistent Kurt Neumann, als er sich habilitieren wollte. Eine Habilitation setzte die Teilnahme an einem Dozentenlager voraus. Neumann, von schwacher körperlicher Konstitution, konnte den übertriebenen Anforderungen dort nicht standhalten und lag bald mit einer schweren Rippenfellentzündung im Krankenhaus. Ein chronisches Leiden ist daraus erwachsen, und beinahe wäre die Habilitation daran gescheitert. Es sei hier angemerkt, daß Neumanns Karriere trotz dieser Schwierigkeiten schließlich seinen Fähigkeiten Rechnung trug. Zwar wurde bei seiner Berufung als außerordentlicher Professor nach Rostock im Jahre 1940 das Versprechen nicht gehalten, die Stelle in eine ordentliche Professur umzuwandeln. Das Urteil über seine politische Zuverlässigkeit stand wohl dagegen. Doch 1942 erfolgte der Ruf auf ein Ordinariat in Gießen. In seinem 65. Lebensjahr, 1970, ließ sich Professor Neumann emeritieren.[94]

An Volmers Institut arbeiteten Studenten und Dozenten unterschiedlichster politischer Auffassungen. Trotzdem blieb der traditionelle Zusammenhalt dort bestehen. Verantwortlich dafür war Volmer, der es verstand, politische Kontroversen im Keim zu ersticken. Die Mitarbeiter empfanden sich ihrem Institut und — vor allem — ihrem Chef gegenüber verpflichtet. Gegenseitige Hilfe bei der Arbeit blieb daher Ehrensache. Auch ist nichts bekannt, was auf Denunziation schließen ließe. Volmer richtete sogar für in Bedrängnis geratene Studenten eine Kasse ein, in die 20.000 RM seiner Einnahmen aus gutachterlicher Tätigkeit eingeflossen sein sollen.

Gegen den Terror von außen war man jedoch machtlos. So mußte 1938 Prof. Herrmann emigrieren. Im selben Jahr war Frau Tohmfor, geborene Zimmermann, gezwungen, mit Beendigung ihrer Promotion das Institut zu verlassen. Zuvor war bereits das „Volmer-Kolloquium" auseinandergebrochen. Gustav Hertz wurde so stark in seinem Tätigkeitsfeld eingeschränkt, daß er 1935 die Hochschule verließ. Richard Becker wurde einige Zeit darauf nach Göttingen „zwangsberufen". Die Kontakte zum Kaiser-Wilhelm-Institut konnten dagegen aufrecht erhalten werden. Aber auch dort hatte sich einiges verändert: 1933 waren der Direktor, Fritz Haber, und die Abteilungsleiter aus Protest gegen Eingriffe des

KINETIK
DER PHASENBILDUNG

VON

DR. MAX VOLMER

O. PROFESSOR UND VORSTEHER DES INSTITUTS
FÜR PHYSIKALISCHE CHEMIE UND ELEKTROCHEMIE
DER TECHNISCHEN HOCHSCHULE BERLIN

MIT 61 ABBILDUNGEN

UND 15 TABELLEN IM TEXT

DRESDEN UND LEIPZIG

VERLAG VON THEODOR STEINKOPFF

1939

Abb. 14

40

Besprechungen.

VOLMER, MAX, **Kinetik der Phasenbildung.** (Die Chemische Reaktion. Hrsg. von K. F. BONHOEFFER. Band IV.) Dresden und Leipzig: Theodor Steinkopff 1939. XII, 220 S. und 61 Abbild. 15 cm × 23 cm. Preis brosch. RM 19,—, geb. RM 20.—

Auf dem Gebiete der Phasenbildung, vor allen Dingen der Kinetik der Keimbildung, sind unsere Kenntnisse in den letzten 15 Jahren sehr wesentlich bereichert worden. Während man früher sich im wesentlichen auf die Beschreibung der experimentellen Ergebnisse beschränkt sah und die theoretischen Betrachtungen über grobe und wenig bestimmte qualitative Ansätze nicht hinausreichten, haben wir heute in vielen Fällen sehr eingehende Vorstellungen über den molekularen Mechanismus der Keimbildung, und das experimentelle Material kann auf Grund einer quantitativen Theorie berechnet werden. An dieser Entwicklung haben der Verf. und seine Schule maßgeblich teilgenommen, und so ist eine zusammenfassende Darstellung der Keimbildung — um diese handelt es sich in der Hauptsache — aus seiner Feder besonders zu begrüßen.

Das Buch von VOLMER ist weit davon entfernt, nur eine Zusammenfassung zu sein, es enthält in vielen Teilen neue Betrachtungen und Berechnungen, die zusammen mit dem bereits Bekannten erst ein abgerundetes Bild des ganzen Gebietes ergeben, soweit es heute möglich ist. Die Schranken der weiteren Erkenntnis sind meistens experimentellen Charakters. So ist die Oberflächenenergie des festen Körpers der unmittelbaren Messung noch immer nicht zugänglich.

Der Name des Verf. bürgt für eine klare, korrekte und überzeugende Darstellung. Da eine der wesentlichen Aufgaben des Buches in der rechnerischen Erfassung dessen, was der Rechnung zugänglich ist, besteht, erfordert es ein eindringliches Studium. Es wird die selbstverständliche Grundlage für jede weitere theoretische und experimentelle Entwicklung auf dem Gebiete der Keimbildung und des Keimwachstums sein.

GEORG MASING, Göttingen.

WESTPHAL, WILHELM H., **Physikalisches Praktikum.** Eine Sammlung von Übungsaufgaben für die physikalischen Übungen an Universitäten und Hochschulen aller Gattungen. Braunschweig: Friedrich Vieweg & Sohn 1938. VIII, 335 S., 101 Abbild. und 6 graphische Tabellen. 14 cm × 22 cm. Preis brosch. RM. 8.—, geb. RM. 9.60.

Das WESTPHALsche Werk hat gleich, als es im Anfang 1938 erschien, das lebhafte Interesse derer erregt, die mit der Durchführung physikalischer Praktika zu tun haben — äußerte sich hier doch ein Autor, dessen praktisches Wirken auf diesem Gebiet wohlbekannt war, zum ersten Male eingehend. Eine kurze Darstellung in der POSKEschen Zeitschrift hatte bereits 1937 einem größeren Kreis davon berichtet, in welcher Weise W. WESTPHAL das Prinzip der Parallelarbeit, das sich im Schülerpraktikum so gut bewährt, auf den ganz großen Maßstab angewandt hat, den das Charlottenburger Praktikum bietet. Das Arbeiten in Gruppen erlaubt, wenn die erheblichen Ansprüche an Apparatur befriedigt sind — die meisten Anordnungen sind dort 10 fach vorhanden —, höchst erwünschte Gründlichkeit

Regimes zurückgetreten. Prof. P. A. Thießen, seit 1933 Abteilungsleiter für Kolloidchemie, wurde 1935 zum Direktor ernannt.[95] Trotz der zu Thießen differierenden politischen Einstellung nahm Volmer, wenn auch nur sporadisch, an den dortigen Kolloquien teil. Der Grund dafür dürften die freundschaftlichen Beziehungen zu Otto Hahn und Lise Meitner gewesen sein. Darüberhinaus bestanden dienstliche Verpflichtungen, die die Zusammenarbeit der beiden Institute erforderten. So mußten etwa die Beurteilungen von Habilitationsschriften abgestimmt werden. Wie Prof. Thießen erzählt, beugte er sich dabei den Erfahrungen des älteren Kollegen. Natürlich blieben die Dispute stets auf die sachliche Ebene beschränkt.

Lise Meitner[96] dagegen, die unter den Repressalien des Regimes zu leiden hatte, war ein gern gesehener Gast bei Lotte und Max Volmer. Auch wurde sie auf eine Urlaubsreise nach Italien mitgenommen, um sie aus den deprimierenden Umständen in Berlin herauszuführen. Zudem unterstützte sie Frau Volmer, als sie 1938 emigrieren mußte.

Unter den schwierigen Umständen, die für viele Wissenschaftler die Arbeit zumindest in Deutschland unmöglich machten, vollendete Volmer sein Hauptwerk, die „Kinetik der Phasenbildung".[97] In diesem Werk faßte er seine bisher gewonnenen Erkenntnisse zusammen und ergänzte sie zu einem abgerundeten theoretischen Modell. Sein Werk wird noch heute von den Physiko-Chemikern als Klassiker betrachtet, da es in seiner Geschlossenheit und Gründlichkeit von keiner neueren Darstellung überholt werden konnte. Darüberhinaus bildet es die Grundlage für aktuelle Forschungen. Volmer schrieb in seinem Schlußwort, daß „die zukünftige Entwicklung des gesamten Gebietes … überhaupt eng verknüpft (ist) mit dem weiteren Fortschritt unserer Kenntnisse der molekularen Einzelschritte und der Molekularkräfte".[98] Zum Teil noch von Volmer selbst angeregt, bildet die Phasenbildung für viele Wissenschaftler einen zentralen Forschungsgegenstand.

Das Hauptwerk Volmers, 1939 erstmalig erschienen, entstand nicht zuletzt durch die tätige Mithilfe seiner Gattin. In seinem Vorwort erwähnt Volmer die Mitwirkung von Frau Tohmfor und Kurt Neumann. Gemeinsam mit Frau Tohmfor hatte Volmer als Vorarbeit 1938 die Abhandlung „Die Keimbildung unter dem Einfluß elektrischer Ladungen" verfaßt.[99] War die Kontinuität der Veröffentlichungen durch die Einwirkungen des Nationalsozialismus bereits gestört worden, sollte dieser Artikel und das genannte Buch das vorläufige Ende der wissenschaftlichen Publikationen Volmers bedeuten.

Allerdings verblaßte auch in dieser Zeit nicht der Ideenreichtum Volmers, wie seine Patente zeigen. Das Militär wie die Industrie interessierten sich gleichermaßen für seine Erfindungen. Als Beispiel sei das Patent zum „Verfahren zur Bestimmung von Konzentrationen in Gasen und in Lösungen" angeführt.[100] Das Verfahren beruht auf der Anwendung des Halbleitereffektes, wobei Kupfer-I-Jodid als Basis verwandt wurde. Durch die Änderung des Widerstandes bei Kontakt mit Gasen kann deren Konzentration bestimmt werden. Für dieses Verfahren interessierte sich zunächst das Militär, da es Warngeräte für den Kohlenmonoxydgehalt in Panzern benötigte. Es sei angemerkt, daß es sich Volmer nicht versagen konnte, sich bei einer Vorführung des Geräts über die wissenschaftliche Inkompetenz der Offiziere lustig zu machen. Fachkundiger dagegen waren die Vertreter der Industrie, die, wie die Auergesellschaft, ebenfalls ihr Interesse bekundete. Es ist auffällig, daß sich hier auf vielen Ebenen Parallelen zum Ersten Weltkrieg herstellen lassen.

Abb. 16: Volmer, in seinem Garten arbeitend, ca. 1940

Auch im Zweiten Weltkrieg, der mit dem Einmarsch deutscher Truppen in Polen am 1. September 1939 begann, wurde die Chemie zu einer kriegswichtigen Wissenschaft. Abgesehen von ihrer Bedeutung für die Produktion von Kampfmitteln bedurfte man ihrer, um die Rohstoff-Autarkie Deutschlands zu gewährleisten. In zahlreichen Berichten von wissenschaftspolitisch führenden Chemikern, unter ihnen Mentzel, Thießen und Krauch, kommt dies deutlich zum Ausdruck.[101] Für Volmer, der längst an der Effektivität der Arbeit an seinem Institut zweifelte, sollte diese Tatsache Relevanz gewinnen, — als Argumentationshilfe bei einem gegen ihn eingeleiteten Dienststrafverfahren.

Das Dienststrafverfahren 1943/44 und seine Folgen

Der Anlaß, daß gegen Volmer ein Dienststrafverfahren eingeleitet wurde, war die Entdeckung, daß Volmer einem ehemaligen Schüler, der Jude war, geholfen hatte. Der Schüler, Dr. Hans Briske, mußte sich mit seiner Familie verstecken, um der drohenden Verschleppung in ein Konzentrationslager zu entgehen. Volmer unterstützte ihn zunächst damit, daß er ihm Schreibarbeiten gegen Bezahlung anbot. Als sich die Lage Briskes verschärfte, überließ Volmer ihm Lebensmittelmarken, damit er für seine Kinder wenigstens Grundnahrungsmittel besorgen konnte. Für weitere Hilfe verwies Volmer ihn an seine Schüler. Hierdurch kam Briske mit Dr. Erhard Tohmfor und Dr. Hans Kummerow in Kontakt, die inzwischen in der Industrie arbeiteten und der antifaschistischen Widerstandsgruppe Harnack/Boysen angehörten. Durch die Verhaftung von Kummerow konnte die Spur über Briske zu Volmer zurückverfolgt werden.

Volmers Unterstützung eines Juden und vor allem die vermutete Beziehung zu einer Widerstandsgruppe sind also der Grund für das Eingreifen der Sicherheitspolizei. Die Verhöre Volmers und weiterer Zeugen finden Ende 1942 in dem berüchtigten „GeStapo-Hauptquartier" in der Prinz-Albrecht-Straße statt. Durch die geschickte Taktik, insbesondere von Frau Tohmfor, muß das zweite Verdachtsmoment fallengelassen werden.

Die Ermittlungsergebnisse der Sicherheitspolizei und des Sicherheitsdienstes werden im Januar 1943 an den Reichserziehungsminister, Bernhard Rust, weitergeleitet. Der Brief vom 16. 1. endet mit einer unmißverständlichen Anweisung: „Das Verhalten des Prof. Volmer, der fraglos dem Nationalsozialismus ablehnend, wenn nicht gar feindlich gegenübersteht, entspricht keinesfalls den Erfordernissen, wie sie von dem Inhaber eines öffentlichen Lehramtes einer Hochschule erwartet werden müssen."[102] So ergeht am 1. Februar vom Reichsministerium an den Rektor der Technischen Hochschule, Professor Niemczyk, die Aufforderung, die notwendigen Ermittlungen durchzuführen.[103] Nachdem der Rektor angemahnt werden mußte, teilt er am 23. April die Ergebnisse der Vorermittlung dem Reichsministerium mit. Das Schreiben enthält bereits die Doppeldeutigkeit, daß einerseits der „Zweifel an seiner [Volmers] politischen Zuverlässigkeit" bestätigt wird. Andererseits werden seine „hervorragenden Verdienste" gewürdigt und auf seinen Verbleib an der Hochschule gedrängt.[104]

Am 30. Juni ergeht vom Ministerium ein Schreiben mit der Anordnung, daß das „förmliche Dienststrafverfahren" eingeleitet werden soll.[105] Gleichzeitig wird die vorläufige Dienst-

Gegen den ordentlichen Professor für physikalische Chemie und Elektrochemie an der Technischen Hochschule Berlin, Dr. Max Volmer, geb. 3.5.1885 in Hilden, Kreis Düsseldorf, wird gemäß §§ 28, 29 RDStO. vom 26.1.1937 (RGBl. I S. 71 ff.) in Verbindung mit § 22 DBG. vom 26.1.1937 (RGBl. I S.39 ff.) das förmliche Dienststrafverfahren eingeleitet wegen der Beschuldigung, die ihm obliegenden Amtspflichten verletzt und sich durch sein Verhalten der Achtung und des Vertrauens, die seinem Berufe entgegengebracht werden, unwürdig erwiesen zu haben.

Professor Dr. Volmer wird vorgeworfen, daß er einem Volljuden, der evakuiert werden sollte und der ihn zweimal in seiner Wohnung aufgesucht hat, bei dessen Plan, sich der Evakuierungsmaßnahme durch die Flucht zu entziehen, Rat und Hilfe geleistet und ihn mit Nahrungsmitteln und Lebensmittelmarken unterstützt habe.

Gleichzeitig wird gemäß §§ 78, 79 RDStO. die vorläufige Dienstenthebung sowie die Einbehaltung eines Drittels der jeweiligen Dienstbezüge des Beschuldigten angeordnet.

Berlin, den 30. Juni 1943

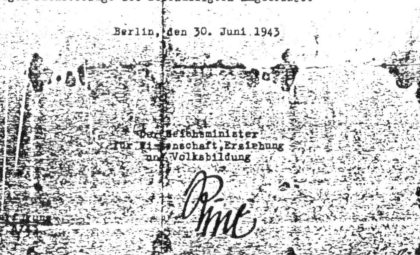

Der Reichsminister
für Wissenschaft, Erziehung
und Volksbildung

Abb. 17

TECHNISCHE HOCHSCHULE BERLIN
Fernsprecher: 31 00 11

Tgb.-Nr. G 790 T. H.

Berlin-Charlottenburg 2, den 8. Juli 19 43
Berlinerstr. 170-172

An

    Herrn Professor Dr.-Ing. Max V o l m e r ,

              h i e r

        Der Herr Reichsminister für Wissenschaft, Erziehung
und Volksbildung hat das förmliche Dienststrafverfahren
gegen Sie eingeleitet. Die Gründe sind aus der beiliegen-
den Einleitungsverfügung vom 30. v. Mts. ersichtlich, deren Empfang ich zu bestätigen bitte.

        Außerdem hat der Herr Minister Ihre vorläufige
Dienstenthebung sowie die Einbehaltung eines Drittels Ihrer Dienstbezüge angeordnet.

        Die Dienstenthebung tritt sofort in Kraft. Sie sind
nunmehr weder berechtigt noch verpflichtet, Ihr Amt auszuüben, behalten aber die Eigenschaft eines aktiven Beamten im unmittelbaren Reichsdienst.

        Die Einbehaltung der Bezüge tritt mit der nächsten
Gehaltszahlung in Kraft. Ihre Bruttobezüge vermindern
sich ab 1.8.1943 von 1255.22 RM um 418.40 RM auf 836.82
RM monatlich.

                    Der Rektor

Abb. 18

enthebung sowie die Einbehaltung eines Drittels der jeweiligen Dienstbezüge angeordnet. Vergleicht man die getroffenen Anordnungen mit dem am 10. Mai ergangenen Runderlaß des Ministeriums, fällt auf, daß die dort vorgeschriebene Prüfung, „ob von der vorläufigen Dienstenthebung abgesehen ... werden kann",[106] offenbar zu ungunsten Volmers ausfiel, obwohl von einer „feindlichen" Einstellung keine Rede mehr war. Denn eine vorläufige Dienstenthebung sollte in einer Zeit, als jede Arbeitskraft dringend gebraucht wurde, nur noch in begründeten Ausnahmefällen erfolgen.[107]

In dem Begleitschreiben, mit dem der Rektor die Einleitungsverfügung von Rust am 8. Juli an Volmer weiterleitet, heißt es unter anderem: „Die Dienstenthebung tritt sofort in Kraft. Sie sind nunmehr weder berechtigt noch verpflichtet, Ihr Amt auszuüben, behalten aber die Eigenschaft eines aktiven Beamten im unmittelbaren Reichsdienst."[108] Für die Durchführung der sich anschließenden Ermittlungen wird daraufhin der Rechtsrat der TH Berlin vorgeschlagen und bestätigt, damals Oberstaatsanwalt Dr. Buchardi.[109] Die erste Vernehmung Volmers sowie einiger Zeugen, darunter seine Gattin, findet am 18. 10. 1943 statt. In der Anschuldigungsschrift, die Buchardi am 27. 2. 1944 an die Dienststrafkammer einreicht, wird in ausführlicher Weise auf die wissenschaftlichen Verdienste Volmers eingegangen. Insbesondere wird darauf hingewiesen, daß seine Arbeit kriegswichtig sei. Ebensolchen Raum nimmt die Einschätzung von Volmers politischer Haltung ein, wobei vor allem seine Distanz zu parteipolitischen Positionen überhaupt betont wird. Die eigentliche Anschuldigung enthält die bekannten Punkte. Doch Buchardi behandelt intensiv das Motiv für das „Fehlverhalten": Detailreich weist er nach, daß das Motiv nur Mitleid gewesen sein könne. Gegen Ende hieß es, daß Volmer „schuldhaft seine Amtspflicht" verletzt habe. Doch diese Anschuldigung klingt nach den bisherigen Beschreibungen eher wie eine formaljuristische Floskel.

Die folgenden Formalitäten, die von Seiten der Hochschule immer wieder verzögert wurden, ziehen sich bis Mitte des Jahres hin. Der Vorsitzende der Dienststrafkammer Berlin legt den Termin der Hauptverhandlung schließlich auf den 13. Juli fest.[110] Hier ergeht das Urteil, daß das Gehalt von Volmer für die Dauer von zwei Jahren um ein Fünftel gekürzt wird. Der Oberstaatsanwalt hatte die Höchststrafe, das heißt eine Gehaltskürzung von gleicher Höhe für die Dauer von fünf Jahren gefordert.[111] In der Urteilsbegründung heißt es, daß von der Höchststrafe abgesehen wurde, weil der „einzige Beweggrund für ihn [Volmer] Mitleid mit seinem ehemaligen Assistenten" gewesen sei. Eine „oppositionelle Geisteshaltung" könne nicht nachgewiesen werden. Ferner würden sich die Verdienste Volmers strafmildernd auswirken. Am 8. August 1944 wird das Urteil ausgefertigt, am 24. August erhält es Rechtskraft. Anzumerken ist noch, daß Volmer die Gerichtskosten zu tragen gehabt hätte. Wegen Geringfügigkeit wurden sie jedoch nicht in Rechnung gestellt.[112]

Betrachtet man den Verlauf der Verhandlungen, fällt das Entgegenkommen und die Fairness sowohl der Hochschule als auch der Dienststrafkammer auf. Bemerkenswert ist zudem, daß die anfangs unterstellte Beziehung zum Widerstand nie thematisiert wurde. Als Volmer beim Nachhauseweg seinen Richter in der S-Bahn traf, soll dieser — so wird erzählt — mit einem Augenzwinkern auch seine Erleichterung über den Ausgang des Verfahrens angedeutet haben. In der Tat, eine finanzielle Einbuße war die Art Strafe, die

Volmer am wenigsten traf. Allerdings, Volmer konnte vor Ablauf der Verhandlung nicht über den Ausgang im Klaren sein. So mag zutreffen, daß er seit jener Zeit stets eine Zyankali-Ampulle bei sich trug.

Für alle anderen beteiligten Personen entstanden verheerende Konsequenzen. Frau Tohmfor wurde lange im Gefängnis festgehalten. Ihr Gatte und Kummerow wurden vom Militärgerichtshof zum Tode verurteilt und hingerichtet. Die Familie Briske fiel dem Nazi-Terror zum Opfer, sie wurde — wahrscheinlich in einem Konzentrationslager — ermordet.

Das Dienststrafverfahren hatte selbstverständlich Auswirkungen auf die Arbeit am Institut. Für die Zeit von Volmers Dienstenthebung, also für das Studienjahr 1943/44, wurde der außerplanmäßige Professor Dr. Gerhard Jung, beim Heereswaffenamt in Spandau tätig, als Vertreter eingesetzt. Als kommissarischer Leiter des Instituts hatte er Vorlesungen zu halten und die Prüfungen von Studenten abzunehmen.[113]

Inwieweit Volmer, der bereits vor dieser Zeit nur noch stundenweise an das Institut gekommen sein soll, dort noch tätig wurde, ist nicht bekannt. Im Juli 1944, das heißt, als die Hauptverhandlung stattfand, mußte zudem die Forschungsabteilung des Instituts nach Schmölln in Thüringen ausgelagert werden.[114] Der Grund dafür bestand in den verstärkten Bombardierungen der Hochschule, wobei auch das Institut in Mitleidenschaft gezogen wurde. Durch den Löscheinsatz der Mitarbeiter konnte es jedoch vor dem völligen Ausbrennen gerettet werden.

Volmer, der an sich seine Tätigkeit wieder hätte aufnehmen können,[115] ersuchte jedoch das Reichserziehungsministerium, Professor Jung weiter als Vertreter einzusetzen.[116] Er begründete dies zum einen mit der Auslagerung des Instituts nach Schmölln. Zum anderen benötigte er für seine kriegswichtigen Forschungen mehr Zeit. So wurde Jung auch für das Wintersemester 1944/45 als Leiter des Instituts eingesetzt und zum Mitglied des Prüfungsausschusses ernannt. Das Ersuchen Volmers hatte zur Voraussetzung, daß er zwischenzeitlich ein gutes, einvernehmliches Verhältnis mit Jung entwickelt hatte. Darüberhinaus waren die Studenten von der didaktisch ausgezeichnet ausgearbeiteten Vorlesung Jungs sehr angetan. Volmer vergab zwar die Diplomarbeiten, die Prüfungen nahm aber meist Jung ab. Noch Anfang 1945 traf sich Volmer mit zwei verbliebenen Schülern in der Bibliothek zu einem theoretischen Arbeitskreis.

Es ist noch nachzutragen, daß der Oberassistent Dr. Staude, der aus Schmölln stammte, dort die Forschungsabteilung leitete.[117] Die drei Hilfsassistentinnen Sigrid Lanz, Ruth Jost und Sigrid Ullmann waren mitgegangen, um dort ihre Arbeiten fertigzustellen. Volmer selbst soll jedoch bis zur Kapitulation Deutschlands nie in Schmölln gewesen sein. Von sporadischen Besuchen am Institut abgesehen, arbeitete er vornehmlich in seinem Hauslabor in Babelsberg.

Sein Haus war in der Zwischenzeit zu einem wichtigen Treffpunkt ehemaliger Kollegen und Mitarbeiter geworden. So nahm etwa das Ehepaar Volmer die Familie Turowski auf, die ihre Wohnung bei Bombenangriffen verloren hatten. Stete Gäste waren auch Otto Hahn und Max von Laue. Gertrud Tohmfor besuchte nach ihrer Entlassung Volmer, wo sie unter anderem auch Gustav Hertz und Richard Becker antraf. Die Liste ließe sich bestimmt erweitern. Denn Lotte und Max Volmer versuchten mit allen ihnen zur Verfügung stehenden Mitteln, in Bedrängnis geratenen Freunden zu helfen. Offizielle Kontakte scheint Volmer dagegen abgebrochen zu haben. Auch waren sie für die Zeit seiner Dienstenthebung unterbunden worden. So erzählt Prof. Thießen, daß er nur über Dritte mit ihm Kontakt hielt.

Anfang 1945 war den meisten Wissenschaftlern einsichtig, daß der Krieg verloren war. Als im Februar auf der Konferenz von Jalta von den „Großen Drei", Stalin, Roosevelt und Churchill, die Aufteilung Deutschlands beschlossen wurde, entstanden die ersten Absprachen über die mögliche Zusammenarbeit mit den Siegermächten. Zwischen Manfred von Ardenne, Gustav Hertz, Peter A. Thießen und Max Volmer soll vereinbart worden sein, sich den Sowjets zu unterstellen. Man wartete also in Berlin das Ende des Krieges ab. Von Ardenne berichtet, daß ihn am 27. April Thießen in Begleitung eines sowjetischen Chemikers in Majorsuniform aufsuchte.[118] Es wurde ihnen zugesagt, daß die Institute und die Institutsangehörigen unter den Schutz der Armee gestellt werden sollten. Auch Volmers Haus erhielt einen Schutzbrief, auf dem in russischer Sprache etwa geschrieben stand: „Hier wohnt ein großer Gelehrter; stört ihn nicht in seiner Ruhe!" Zudem postierte man Soldaten vor dem Haus. Am 8. Mai wurde Deutschland vom Nationalsozialismus befreit.

IV Verpflichtung in die Sowjetunion und Lebensabend in der Deutschen Demokratischen Republik

Wiederaufbau der Technischen Hochschule und Arbeit in Moskau

Obwohl für Max Volmer und Gustav Hertz die vertragliche Verpflichtung, in die Sowjetunion zu gehen, bereits beschlossen war, beteiligten sie sich noch kurzfristig am Wiederaufbau der Technischen Hochschule. Hierbei muß darauf hingewiesen werden, daß unmittelbar nach der Kapitulation die Hochschulangelegenheiten unter „russischer Einflußnahme" standen. Die Situation an der Hochschule war katastrophal, ein Großteil der Gebäude und Einrichtungen zerstört, das Lehrpersonal — aus den unterschiedlichsten Gründen — weit verstreut. Zudem begannen die Sowjets mit der Demontage noch funktionsfähiger Laboratorien.

Ende Mai fand sich eine Gruppe von fünfzehn Hochschullehrern, um über die Reorganisation der „Institution Technische Hochschule" zu beraten.[119] Unter ihnen befanden sich Hertz und Volmer, die beauftragt wurden, aufgrund ihrer guten Beziehungen zur sowjetischen Seite die Erlaubnis hierfür einzuholen. General Skorodumow erteilte die Genehmigung für den Wiederaufbau. Am 2. Juni bildete sich an der Hochschule ein Arbeitsausschuß, der Hertz und Volmer zum provisorischen Rektor beziehungsweise Prorektor wählte. Ein Teilnehmer der Sitzung, Prof. Hahmann, erinnert sich an den weiteren Verlauf: „Als wir uns eine Woche später wieder einfanden, erwartete uns eine Überraschung. Die Professoren Hertz und Volmer waren nicht erschienen, und es wurde uns mitgeteilt, daß diese beiden auch nicht mehr mitwirken würden, da sie den sowjetischen Auftrag erhalten hätten, ein Jahr Gastvorlesungen in Moskau zu halten. ... Dann wurden Professor Schnadel zum Rektor und Professor Kucharski zum Prorektor gewählt."[120]

Die Erinnerung mag zutreffen, entspricht aber nicht ganz den Tatsachen. Hertz und Volmer waren noch in Berlin und verhandelten über die Arbeitsbedingungen. Dabei wurde deutlich, daß sie freiwillig in die Sowjetunion gehen wollten. Zudem war die sowjetische Seite bemüht, noch weitere Wissenschaftler zu gewinnen. Wie aus den Aktennotizen von Kucharski über seine Gespräche mit dem Oberst Figurowski hervorgeht, sollte Kucharski das Angebot in seinem Kollegenkreis bekanntmachen: „Es besteht von sowjetischer Seite aus die Möglichkeit für die Übersiedlung und Weiterarbeit bedeutender Professoren und Fachkräfte nach und in Russland ...".[121] In dem Angebot befand sich keinerlei Hinweis auf eine geforderte politische Integrität der Wissenschaftler. Allerdings war die Zeit für eine Entscheidung knapp bemessen, da Figurowski kurz darauf bekanntgab, daß sich die Sowjets am 28. Juni von der Hochschule zurückziehen würden. Denn das Berlin-Abkommen vom 5. Juni sollte Anfang Juli in Kraft treten. Die Technische Hochschule unterstand fortan den Engländern, in deren Sektor sie später lag.

Die Verpflichtung nach Moskau war von dem Doppelcharakter geprägt, daß einerseits Arbeitsverträge abgeschlossen wurden. Andererseits war der Verhandlungsspielraum gegenüber der Siegermacht natürlich beschränkt. Die großzügigen Offerten der Sowjetunion erzeugten so das — wohl beabsichtigte — Gefühl, daß sich die Wissenschaftler als gern gesehene Gäste empfanden, ihr Gast-Sein aber zugleich eine Verpflichtung darstellte.

Die persönlichen Motive des Ehepaars Volmer dürften nicht mehr vollständig rekonstruierbar sein. Aus überlieferten Äußerungen Volmers und den Einschätzungen einiger seiner Freunde lassen sich jedoch einige Aspekte mit großer Wahrscheinlichkeit angeben. So spielte sicherlich eine wichtige Rolle, daß an der Hochschule zunächst keine Möglichkeit bestand, eine sinnvolle Forschung durchzuführen. Auch die Lebensbedingungen in Berlin waren allgemein sehr schlecht. Zudem hatte Volmer bereits gute Beziehungen zur Sowjetunion. Darüberhinaus soll er der Auffassung gewesen sein, „daß der Westen keine neuen Ideen und Impulse mehr zu vermitteln habe und daß man solche eher im Osten suchen müsse."[122] So dürfte sein Freund Frumkin, der ihn in Berlin aufgesucht haben soll, keine großen Überredungskünste aufgebracht haben, ihn zur Abreise zu bewegen. Sicherlich entstand die Entscheidung auch im Einvernehmen mit seiner Gattin. Daß Frau Volmer jedoch die treibende Kraft gewesen sein soll, wie öfters berichtet wird, kann schwerlich belegt werden.

Obwohl Volmer der „Gruppe Hertz" angehören sollte, die Anfang Juli nach Moskau flog, blieb er zunächst in Berlin, um noch persönliche Angelegenheiten zu regeln. Zuvor war er nach Schmölln gefahren, um einige Bücher und Apparate abzuholen, die er mit in die Sowjetunion nehmen wollte. Laut Absprache sollte der Aufenthalt acht Jahre dauern, eine angemessene Ausrüstung war somit angebracht. Da ihm zudem zugesichert worden war, daß dort für ihn und seine Gattin ein Haus errichtet würde, nahmen sie auch einen Teil ihres Mobiliars mit. Am 9. August schließlich trafen sie in Moskau ein.

Der Termin ihrer Ankunft wie auch die Arbeit, die Volmer erwarten sollte, hängt eng mit dem Zeitpunkt des Abwurfs der amerikanischen Atombombe auf Hiroshima zusammen. Am 6. August wurde die japanische Stadt verwüstet, ein Großteil der Einwohner getötet. Die schockierende Wirkung der ersten Atombombe war der Anlaß für die Sowjetunion, ihre Forschung auf dem Gebiet der Kernspaltung zu intensivieren: Das militärische Gleichgewicht sollte wiederhergestellt werden.

Ohne Benennung des Arbeitsgegenstandes waren mit den bereits in der Sowjetunion weilenden Wissenschaftlern erste Absprachen getroffen worden. So berichtet Manfred von Ardenne,[123] der neben Hertz eine Forschungsgruppe leiten sollte, daß Ende Juni eine Entscheidung bezüglich des Standortes der Institute gefällt worden war. Von Ardenne wählte Grusinien aus, sein Institut wurde schließlich für Sinop bei Suchumi, einer Stadt an der kaukasischen Schwarzmeerküste, geplant. Für die Gruppe Hertz war das nahegelegene Agudseri vorgesehen. Die Abreise dorthin erfolgte Ende August.

Von Ardenne schreibt über die Reise in den Süden, die gemeinsam mit den Familien Hertz und Volmer unternommen wurde: „Auf der langen Bahnfahrt tauschten wir viele Erinnerungen miteinander aus. Häufiges Gesprächsthema bildeten die berühmten Kolloquien am alten Physikalischen Institut der Berliner Universität in den zwanziger und dreißiger Jahren. Hertz und Volmer waren bedeutend älter als ich, und das, was sie dort sagten, hinterließ schon damals bei mir einen tiefen Eindruck. ... Auch Professor Volmer hatte an etlichen Kolloquien teilgenommen. Sein glänzender Disput mit Irving Langmuir über

Fragen der Wanderung von Fremdatomen auf der Oberfläche ist mir noch heute gegenwärtig. ... Die Rückschau auf ein, wie uns schien, goldenes Zeitalter der Physik wurde zuweilen von den Ehefrauen unterbrochen."[124] Die erhoffte gute Zusammenarbeit in Suchumi sollte jedoch zumindest für Volmer nicht lange währen.

Abb. 19: Skizze des Hauses von Hertz, von Lotte Volmer 1945 entworfen.

Zunächst ging man in Suchumi voll Elan an die Errichtung der Institute. Auch Pläne für Wohnhäuser wurden entworfen. Frau Volmer übernahm die Gestaltung des Hauses für das Ehepaar Hertz, das nach ihren Plänen realisiert wurde. Sie selbst und ihr Gatte sollten jedoch nicht in Suchumi wohnen bleiben. Der Grund hierfür lag in einer Auseinandersetzung zwischen Volmer und Hertz. Volmer konnte sich offenbar nicht damit abfinden, in Hertz einen Vorgesetzten zu sehen. Denn es war wohl in Detailfragen zu Kompetenzproblemen gekommen. Durch seine gute Beziehung zu Frumkin konnte es Volmer erreichen, daß er an ein Moskauer Institut versetzt wurde. Ende 1945 zog er mit seiner Gattin nach Moskau um. Ihm folgten Viktor Bayerl, einer seiner ehemaligen Mitarbeiter und Gustav Richter, ein Schüler von Richard Becker.

Die Arbeit, die am Moskauer Institut zu leisten war, diente dem allgemeinen Ziel, industrielle Verfahren zur Gewinnung von spaltbarem Material zu entwickeln. Allerdings ging es hier nicht um zentrale Probleme der Uranspaltung. Ein Arbeitsbereich, den Volmer vor allem mit Bayerl in Angriff nahm, bestand in der Deuteriumsgewinnung. Hierzu entwickelten sie ein Verfahren, das auf der destillativen Isotopentrennung von Ammoniak beruhte. Zur Überprüfung der großtechnischen Herstellung, die in Sibirien erfolgte, war teilweise die Präsenz der Wissenschaftler nötig. Während Bayerl drei Jahre dort verbrachte und auch die Anwesenheit von Richter einige Male erforderlich war, unternahm Volmer die für sein Alter strapaziöse Reise nur einmal.

Der zweite Arbeitsbereich galt der Aufbereitung von Brennstoffen. Gemeinsam mit Richter wurde ein Verfahren gesucht, um Plutonium aus ausgebrannten Reaktorstäben zu extrahieren. Hierzu konstruierten sie eine kleine Zentrifuge, die in der geforderten Drehzahl betrieben werden konnte. Dies hatte gegenüber gewöhnlichen Verfahren, wie das des Abfiltrierens, den Vorteil, daß es ohne aufwendigen Strahlenschutz auskam.

Die Arbeit am Institut führte Volmer auf ein für ihn vollkommen neues Fachgebiet, dem er sich anfangs nur zögernd zuwandte. Aber natürlich mußte er sich den Gegebenheiten anpassen. Ein Gespräch mit Laurenti Pawlowitsch Berija, dem zweitmächtigsten Mann im Staate, wie es alle Leiter von Arbeitsgruppen zu führen hatten, hatte dies eindrucksvoll unterstrichen. Allerdings konnte die Arbeit unter Lebensbedingungen geleistet werden, die äußerst zufriedenstellend waren. So war das Ehepaar Volmer, wie auch Bayerl und Richter, zunächst in einer luxuriösen Villa untergebracht, die eine interessante Geschichte hatte: In der „Datscha Osjori" sollen zuvor sowohl der einstige Tscheka-Chef Jagoda als auch Generalfeldmarschall Paulus gewohnt haben.

Nach ungefähr einem Jahr baute man auf dem Institutsgelände ein Haus, in das Volmer nun mit seiner Gattin zog. Als neuen Nachbarn bekam er damit seinen Kollegen Professor Kurtschatow, einen der bekanntesten Kernphysiker jener Zeit. Lebte das Ehepaar Volmer auch weit von den übrigen deutschen Wissenschaftlern entfernt, konnten sie doch bei Besuchen aus Suchumi ihre alte Gastfreundschaft und ihre Geselligkeit zeigen: „Er und vielleicht noch mehr seine Frau — sie hieß bald für uns alle nur noch Tante Lotte — bildeten mit ihrer natürlichen, hilfsbereiten, aber alles andere als sentimentalen Herzensgüte und der klugen, oft bewährten Lebensweisheit den ruhenden und oft genug den beruhigenden Mittelpunkt...", — so erinnert sich Max Steenbeck an seinen Besuch.[125]

Natürlich waren auch die materiellen Voraussetzungen vorhanden. Da ihr Gehalt zur Hälfte in Rubel und zur Hälfte in Mark ausgezahlt wurde, konnten sie sogar Freunde und Verwandte in Deutschland unterstützen, die während der Nachkriegszeit unter wesentlich schlechteren Bedingungen leben mußten. Dies traf natürlich ebenso auf die russische Bevölkerung zu, wodurch die Isolation verstärkt wurde. Ihre Ausnahmestellung in der Bevölkerung erfuhr durch Gründe, die vornehmlich der Geheimhaltung der Arbeit geschuldet waren, eine zusätzliche Komponente. Als ständige Begleiterin war eine Dolmetscherin engagiert worden, die sich dadurch, daß sie das Ehepaar Volmer in russischer Sprache unterrichtete, eigentlich hätte überflüssig machen können. Aber besonders nach dem ersten erfolgreichen Test der sowjetischen Atombombe im Jahre 1949 wurden die Kontrollmaßnahmen verstärkt und damit die individuellen Freiheiten weiter eingeschränkt. Gleichwohl konnte Frau Volmer zweimal nach Berlin reisen.

Gegen Ende des Aufenthaltes in der Sowjetunion entstanden für Volmer selbst unerfreuliche Umstände. Auf das Auslaufen seines Vertrages pochend wollte er die Rückkehr nach Berlin erreichen. Doch die Arbeit wurde von sowjetischer Seite noch nicht als beendet angesehen. Zudem plante man die Entlassung der deutschen Wissenschaftler erst ab 1955. War auch für Volmer keine Karenzzeit notwendig, da seine Tätigkeiten nicht der strengeren Geheimhaltungsstufe unterlagen, mußte er doch zwei Jahre über die Vertragsdauer ausharren. Selbst ein kurzer Streik konnte dagegen nichts ausrichten. In diesem

Zusammenhang muß noch angefügt werden, daß es den Wissenschaftlern freigestellt war, wo sie anschließend leben wollten.

Max und Lotte Volmer kehrten schließlich im Mai 1955 in ihr Haus in Babelsberg, das für sie freigehalten worden war, zurück.

Abb. 20: Max und Lotte Volmer in ihrem Haus in Babelsberg, 1955

Präsident der Deutschen Akademie der Wissenschaften zu Berlin

Die Entscheidung von Max und Lotte Volmer, ihren Lebensabend in der DDR zu verbringen, liegt letztlich darin begründet, daß sie sich in ihrem hohen Alter nicht mehr in eine völlig neue Umgebung einleben wollten. Der Unterschied der politischen Systeme spielte nur eine sekundäre Rolle. Zudem war in jener Zeit der Wiedervereinigungsgedanke auf beiden Seiten noch aktuell. So waren sich die Wissenschaftler aus Ost und West darüber einig, daß in beiden Staaten das wissenschaftliche Niveau gehalten werden solle.

Als Volmer nach Berlin zurückgekehrt war, wurde er mit der ehrenvollen Aufgabe betraut, die Präsidentschaft der Deutschen Akademie der Wissenschaften zu Berlin zu übernehmen. Hierzu sei nachgetragen, daß seine Mitgliedschaft in der Akademie am 14. 2. 1946 rückwirkend zum Zeitpunkt seiner Wahl, das heißt zum 29. 11. 1934, bestätigt worden war.[126] Obwohl für mehrere Wissenschaftler, denen die Mitgliedschaft während der Zeit des Nationalsozialismus verweigert worden war, 1946 die Rehabilitation erfolgte, zeugt die vergleichsweise seltene Rückdatierung von dem außerordentlichen Ansehen, das Volmer genoß.

Für die Ausübung seines neuen Amtes ernannte man Volmer zum Professor für Physikalische Chemie an der Humboldt-Universität in Berlin. Obwohl eher ein formaler Akt, sorgte Volmer für den Aufbau dieses Faches an der Universität. Den größten Teil seiner Arbeitskraft wandte er aber für das Präsidentenamt auf, das er am 13. 1. 1956 von seinem Vorgänger, Professor Walter Friedrich übernahm. Am 16. Februar wurden ihm die Amtsgeschäfte offiziell vom Plenum der Akademie übergeben.[127]

Die Aufgaben, die auf ihn zukamen, entstammten einer Situation der Wissenschaften in der DDR, die gleichermaßen von einer wachsenden Zahl von Forschungseinrichtungen wie von dem Mangel geprägt war, daß die wissenschaftlichen Ergebnisse nur ungenügend in der Industrie verwertet werden konnten. Eine der wichtigsten Maßnahmen, die Volmer durchsetzte, bestand in der Bildung der „Forschungsgemeinschaft der naturwissenschaftlichen, technischen und medizinischen Institute der Deutschen Akademie der Wissenschaften zu Berlin". Diese 1957 ins Leben gerufene Forschungsgemeinschaft gewährleistete sowohl eine bessere fachliche Anleitung der Institute als auch eine wirksamere Zusammenarbeit mit der Praxis.[128] Mit der Gründung der Forschungsgemeinschaft ging eine Trennung der Naturwissenschaften von den Geistes- und Gesellschaftswissenschaften innerhalb der Akademie einher.

In die Zeit von Volmers Präsidentschaft fallen weiterhin Auseinandersetzungen über Maßnahmen zur Verhinderung eines Atomkrieges.[129] Der Anlaß war, daß Atomforscher in der Bundesrepublik von Äußerungen des Bundeskanzlers Adenauer und des Verteidigungsministers Strauß alarmiert worden waren. Denn insbesondere Strauß forderte für die Bundesrepublik als Nato-Mitglied Atomwaffen. Auf die Initiative der Professoren Hahn, von Weizsäcker, Heisenberg, Born und Gerlach entstand am 12. 4. 1957 ein Manifest, in dem sich achtzehn Atomforscher weigerten, sich „an der Herstellung, Erprobung oder dem Einsatz von Atomwaffen in irgendeiner Weise zu beteiligen". Dieses Manifest, das ein internationales Echo hervorrief, führte zu weiteren Initiativen. So wurde am 15. 1. 1958 der sogenannte Pauling-Apell veröffentlicht, der von insgesamt 9.235 Wissenschaftlern unterschrieben worden war. Darunter befanden sich auch Wissenschaftler aus der DDR und der Sowjetunion. Bei den Diskussionen und Vorbereitungen des Apells beteiligte sich Volmer, insbesondere als Vermittler zur sowjetischen Akademie der Wissenschaften. Es soll allerdings zu einer Auseinandersetzung zwischen Volmer und Hahn gekommen sein: Es wird berichtet, Hahn wäre verärgert gewesen, daß sich Volmer nicht exakt an die Absprachen gehalten hätte. Wieder einmal soll es der moderierenden Wirkung von Lotte Volmer zu verdanken gewesen sein, daß daraus kein größeres Zerwürfnis entstand. Frau Volmer besuchte Hahn gelegentlich in jener Zeit.

Bei der Feier zum hundertsten Geburtstag von Max Planck im April 1958 bot sich Volmer die Gelegenheit, Hahn wiederzutreffen. Auf dieser Akademie-Gedenksitzung, an der berühmte Gelehrte aus aller Welt teilnahmen, konnte Volmer auch mit Lise Meitner ein Wiedersehen feiern. In seiner Eigenschaft als Präsident der Akademie war es ihm vorbehalten, den auswärtigen Gästen die Planck-Gedenkmünze zu überreichen.[130]

Am 23. 10. 1958 endete vorzeitig die Amtsperiode von Volmer.[131] Er war aus Krankheitsgründen zurückgetreten. Eine äußerst schmerzhafte chronische Krankheit behinderte ihn schon längere Zeit, wodurch seine Präsenz in seinem mit einem Leibniz-Bildnis geschmückten Amtszimmer oder bei offiziellen Anlässen nicht mehr gewährleistet war. Trotz der Hilfe von Prof. Thießen,[132] der ihm viele Arbeiten abnahm, mußte er die Präsidentschaft seinem Nachfolger, Professor Werner Hardtke, überlassen. Volmer wurde Vizepräsident. In den folgenden Jahren war Volmer weitgehend an sein Haus gefesselt. Als ihm zu seinem 80. Geburtstag viele herzliche Glückwunschadressen übermittelt wurden, wußte noch keiner, daß Volmer einen Monat später, am 3. Juni 1965, von seinen Schmerzen erlöst würde. In Nachrufen wird Volmer zurecht gleichermaßen als eine große Persönlichkeit und als ein großer Wissenschaftler gewürdigt. Seine Gattin überlebte ihn lange Jahre, bis sie im Alter von 92 Jahren am 27. Juni 1983 verschied.

Abb. 21: Prof. Meitner, Prof. Volmer und Prof. Hahn auf der Festsitzung der Deutschen Akademie der Wissenschaften aus Anlaß des 100. Geburtstages von Max Planck, 24. 4. 1958

Späte Ehren[133)]

Max Volmer war es selten beschieden, seine Leistungen auf eine angemessene Weise zu einer angemessenen Zeit gewürdigt zu sehen. Mußte er seine Karriere bereits wegen des Ersten Weltkrieges unterbrechen, kamen auf ihn durch das nationalsozialistische Regime noch tiefergreifende Beeinträchtigungen zu. Zwar wurde er 1936 in die Deutsche Akademie der Naturforscher, Leopoldina aufgenommen. Doch zwei Jahre zuvor, in der wohl am meisten produktiven Phase seines wissenschaftlichen Schaffens, wurde ihm die Mitgliedschaft in der Preußischen Akademie der Wissenschaften verweigert. Wie gezeigt, konnte die Bestätigung erst nach dem Zusammenbruch des faschistischen Regimes im Jahre 1946 erfolgen. Im hohen Alter von über siebzig Jahren wurde er dann zusätzlich mit der Präsidentschaft der Akademie geehrt.

Während der Zeit des Nationalsozialismus, als er wegen seiner kaum verhehlten Ablehnung des Regimes beinahe seine Professur verloren hätte, waren Ehrungen höchstens vom Ausland zu erwarten. Im Mai 1939, ein halbes Jahr bevor der Zweite Weltkrieg begann, würdigte man in Bulgarien seine Verdienste in der Forschung. Die Universität Sofia, an der sein befreundeter Kollege Iwan Stranski wirkte, verlieh ihm den Titel eines Ehrendoktors der Chemie.

Iwan Stranski war es ferner, der die Umbenennung des Instituts für Physikalische Chemie an der TU Berlin in „Max-Volmer-Institut" durchsetzte. Stranski, dem die vakante Stelle als Institutsleiter nach dem Weggang Volmers in die Sowjetunion übertragen worden war, ehrte damit als Rektor der TU seinen Freund im Jahre 1952. Eine weitere Würdigung der Person und des Wissenschaftlers durch die TU Berlin erfolgte im Jahre 1955. Volmer wurde anläßlich seines 70. Geburtstages in die Liste der Ehrendoktoren aufgenommen.

Die Würdigungen zu Volmers Geburtstagen waren von Stranski 1950 durch Veröffentlichungen in chemischen Fachzeitschriften eingeleitet worden. Darüberhinaus rechnete es sich Stranski zur Ehre an, Volmer zu seinen Geburtstagen einzuladen, als dieser nach Berlin zurückgekehrt war. Volmer folgte den Einladungen gerne, — solange es seine Gesundheit zuließ. In der Zwischenzeit hatte sich auch ein Kreis von Schülern und Mitarbeitern Volmers etabliert, der sich nach Möglichkeit regelmäßig traf und zu den Jubiläen Volmers Glückwunschadressen und Delegationen sandte, die freudig aufgenommen wurden. Denn Volmer war auch in dieser Zeit noch an dem persönlichen Schicksal jedes seiner Schüler interessiert.

Die Rückkehr Volmers aus der Sowjetunion brachte die Gelegenheit, einen Beschluß der Deutschen Bunsen-Gesellschaft von 1950 zu realisieren: Am 20. 5. 1955 überreichte ihm in Goslar der Vorsitzende, Professor G.-M. Schwab, die Robert-Bunsen-Denkmünze. In der Sowjetunion hatte Volmer im Gegensatz zu vielen seiner Kollegen keine Auszeichnungen erhalten. Seine Arbeit lag zu sehr an der Peripherie der Atomforschung. Erst 1958 wählte ihn die sowjetische Akademie der Wissenschaften zu ihrem Mitglied. Zudem wurde er von ihr mit der Leonhard-Euler-Plakette ausgezeichnet.

Zu diesem Zeitpunkt häuften sich die Ehrenbezeugungen in der DDR. Die Chemische Gesellschaft der DDR Berlin hatte ihn schon 1955 zum Ehrenmitglied ernannt. Im gleichen Jahre erhielt er den ‚Nationalpreis für Wissenschaft und Technik I. Klasse' und wurde zudem als ‚Hervorragender Wissenschaftler des Volkes' ausgezeichnet. 1957 folgte die Verleihung des ‚Vaterländischen Verdienstordens' und drei Jahre danach die des Ordens „Banner der Arbeit". Die Universität Leipzig ernannte ihn 1959 zum Dr. rer. nat. h. c. Zuletzt darf nicht unerwähnt bleiben, daß heute eine Straße in Potsdam seinen Namen trägt.

Die späten Ehren, die Volmer zuteil wurden, können natürlich nicht die Kränkungen vergessen lassen, die ihm im sogenannten „Dritten Reich" wiederfahren waren. Die Würdigung, die seine wissenschaftliche Arbeit verdient, hat er sich selbst in seinem Werk geschaffen, das heute noch als Ausgangspunkt für weitere Entwicklungen dient. Die Würdigung als Persönlichkeit lebt vor allem in der Liebe und Dankbarkeit seiner ehemaligen Schüler und Mitarbeiter zu ihrem Lehrer beziehungsweise Kollegen fort.

Abb. 22: Eingang des Max-Volmer-Instituts, aufgenommen 1984

Anmerkungen

[1] Gustav Volmer, geb. 21. 10. 1841 in Hilden, gest. 3. 4. 1925 in Hilden; Gertrud Volmer (geb. Klein), geb. 5. 5. 1845 in Düsseldorf, gest. 12. 2. 1922 in Hilden. Diese, wie auch die folgenden Angaben beruhen weitgehend auf den Auskünften von Herrn Dr. Müller, Stadtarchiv Hilden

[2] An der ehemaligen Oberrealschule, heute Geschwister-Scholl-Gymnasium, ist nur noch das „Zeugnis über die wissenschaftliche Befähigung zum einjährig-freiwilligen Dienst" vorhanden.

[3] Hier liegen Recherchen von Inspektor Klingelhöfer, Hessisches Staatsarchiv Marburg, zugrunde.

[4] Verzeichnis belegter Vorlesungen, Blatt 1261 vom SS 1906, in: Archiv der Ludwig-Maximilian-Universität München

[5] VS3, sowie UAL, PA 919

[6] UAL, PA 320, Bl. 27-41

[7] UAL, PA 320, Bl. 3-5

[8] UAL, Rektorat Binding 1908/09, Matrikel Nr. 71 und VS2, S. 47

[9] V2, S. 5

[10] Näheres bei BV4, S. 261

[11] UAL, PA 774, Bl. 1

[12] UAL, PA 774, Bl. 2

[13] UAL, Ordnung der Philosophischen Fakultät der Universität Leipzig, 1905

[14] UAL, PA 774, Bl. 2

[15] UAL, Rep. I/XVI/VII/C71, Bd. 1, Nr. 75

[16] UAL, PA 75

[17] u. a. BA, R21, Professorenkartei, Bl. 10027

[18] VS2, S. 309

[19] UAL, PA 320

[20] VS2, S. 311

[21] UAL, PA 1017, Bl. 3

[22] UAL, PA 1017, Bl. 1

[23] V4, S. 26f

[24] UAL, PA 1017, Bl. 5

[25] UAL, PA 1017, Bl. 5

[26] UAL, PA 1017, Bl. 10

[27] V5

[28] Stark, J.: Über den Zusammenhang zwischen Fluoreszenz und Ionisierung. Notiz zu Abhandlungen des Hrn. M. Volmer und des Hrn. W. E. Pauli. In: Ann. Phys. 41 (1913), 728-738, hier 736

[29] V6

[30] V6, S. 468

[31] Pauli, W. E.: Erklärung zu der Veröffentlichung des Herrn Stark: Notiz zu Abhandlungen des Herrn M. Volmer und des Herrn W. E. Pauli. In: Ann. Phys. 42 (1913), 487

[32] Näheres bei Beyerchen, A. D.: Wissenschaftler unter Hitler. Physiker im Dritten Reich. Frankfurt a. M. 1982, S. 146 ff

[33] UAL, Vorlesungsverzeichnisse 1913/14 u. 1914

[34] UAL, Vorlesungsverzeichnisse 1914/15 u. 1915

[35] Diese und die weiteren Daten wurden Volmers eigenen Angaben in Lebensläufen und Personalbögen entnommen.

[36] Mendelssohn, K.: Walther Nernst und seine Zeit. Aufstieg und Niedergang der deutschen Naturwissenschaften. Weinheim 1976, S. 112 ff

[37] ebd., S. 44 ff

[38] u. a. Estermann, I.: Otto Stern, in: Dictionary of Scientific Biography XIII, S. 40-43

[39] V14 und V16

[40] VP1

[41] Gaede, H.: Wolfgang Gaede. Der Schöpfer des Hochvakuums. Karlsruhe 1954, 62 ff

[42] VP3, VP4, VP5, VP7 u. VP9

43 BV1, S. 2

44 VP2

45 VP23

46 Mendelssohn [36], S. 71

47 Nach eigenen Angaben auf dem Personalblatt: BA, R21, Professorenkartei, Bl. 10027

48 20 Jahre MSA/Auer. 1958 - 1978. Hrsg. von der Auergesellschaft, Berlin 1978

49 Brief Volmers an den Senatskommissar der Hamburgischen Universität vom 24. 8. 1920: StA Hamburg, Hochschulwesen — Dozenten- und Personalakten —, I 402

50 VP6; Volmer hatte sich bereits in seiner Dissertation mit Problemen der Glasversilberung auseinandergesetzt.

51 Dokumentiert in dem Briefwechsel in: StA Hamburg, Hochschulwesen — Dozenten-und Personalakten —, I 402

52 Bolland, J.: Die Gründung der „Hamburgischen Universität", in: Universität Hamburg 1919 - 1969, S. 17 - 105

53 Dokumentiert in dem Schriftwechsel in: StA Hamburg, Hochschulwesen II, Ai 4/7

54 StA Hamburg, Vorlesungsverzeichnisse 1920 - 1922

55 V19

56 V23, S. 19

57 StA Hamburg, Akte Lehrstühle der Mathematisch-Naturwissenschaftlichen Fakultät, Nr. 43228

58 ebd.

59 HA-TUB, Karteikarte ‚Max Volmer'

60 Hofmann, K. A.: Nachruf zur Erinnerung an Friedrich Dolezalek, in: Ber. Dt. Chem. Ges. 54 (1921) A, 1 - 5

61 Physikalische Chemie, in: TU Berlin, hrsg. von der TU Berlin, Stuttgart 1966, S. 110 f

62 Die Angaben stammen aus den Vorlesungsverzeichnissen jener Zeit.

63 V32 und insbesondere die gemeinsame Arbeit mit Weber: V34

64 Dunsch, L.: Leben und Wirken Max Volmers: eine Einführung. In: Volmer, Max: Zur Kinetik der Phasenbildung, hrsg. von L. Dunsch, Leipzig 1983, S. 6 - 19, hier 12 f

65 V75, S. 20

66 V42, S. 213

67 Dunsch [64], S. 15

68 V52, S. 181

69 Dunsch [64], S. 14 f

70 VP11, VP12, VP13, VP14 u. VP15

71 HA-TUB, Vorlesungsverzeichnisse 1923 - 1925

72 u. a. Nipperdey, Th. u. L. Schmugge: 50 jahre forschungsförderung in deutschland. ein abriß der geschichte der deutschen forschungsgemeinschaft. 1920 - 1970. Berlin 1970; Etzold, H.: Monopole und Wissenschaft. Der Einfluß der Chemiemonopole auf die naturwissenschaftlich-technische Lehre und Forschung in Deutschland in der ersten Phase der allgemeinen Krise des Kapitalismus (1918 - 1932). Dissertation, Universität Dresden, 1970; Ruske, W.: 100 Jahre Deutsche Chemische Gesellschaft, Weinheim 1967

73 VS5

74 Bericht über die Neunte Physikalisch-Chemische Tagung: Theorie der Oberflächenerscheinungen. in: Phys. Z. Sowjetunion 4 (1933), 139 - 143

75 BV1, und HA-TUB, Biographische Sammlung, Akte Iwan Nicola Stranski

76 Stranski, I. N.: Kurt Neumann zum 65. Geburtstag, in: Ber. Bunsen-Ges. 74 (1970), 609 - 610

77 Schröder-Werle, R.: Studentenstatistik (1879 - 1979), in: Wissenschaft und Gesellschaft. Beiträge zur Geschichte der Technischen Universität Berlin 1879 - 1979. Hrsg. von R. Rürup, Berlin 1979, S. 567 - 591, hier 571

78 Stranski [76]

79 Akte Volmer, in: Max-Volmer-Institut der TUB

80 Kessler, Valeria: Gibt es noch feste molekulare Schichten auf Flüssigkeitsoberflächen? Berlin 1927

81 BDC, 4050

82 Schottlaender, R.: Antisemitische Hochschulpolitik: Zur Lage an der Technischen Hochschule Berlin 1933/34. In: Wissenschaft und Gesellschaft [77], S. 445 - 453

83 Schlußfolgerung aus Akten des BDC, 4030 ff

84 Besuch der akademischen Lehrstühle durch die Studenten (Runderlaß vom 27. August 1937), in: BA, R21, 349

85 u. a. Vorlesungsverzeichnis der TH von 1933/34

86 Akten in BA, R73, 311

87 Archiv der AdW zu Berlin, AKM/II - III/107/1, 5 - 11

88 BDC, 4053

89 HA-TUB, B 120

90 Archiv der AdW zu Berlin, AKM/II - III/107/1, 14 - 18

91 BDC, Personalakte V44

92 Aus einem Rundbrief des Schülerkreises vom 17. 4. 1962 (Dr. Moll), in: Akte Volmer, in: Max-Volmer-Institut der TUB

93 Akte Volmer, in: Max-Volmer-Institut der TU Berlin

94 Stranski [76]

95 Thießen, P. A.: Kaiser-Wilhelm-Institut für physikalische Chemie und Elektrochemie in Berlin-Dahlem, in: ders.: Erfahrungen, Erkenntnisse, Folgerungen. Berlin/DDR 1979, S. 6 f und Heiber, H.: Walter Frank und sein Reichs- institut für Geschichte des neuen Deutschlands, Stuttgart 1966, S. 820

96 u. a. Krafft, F.: Lise Meitner und ihre Zeit — Zum hundertsten Geburtstag der bedeutenden Naturwissenschaftlerin. In: Angew. Chem. 90 (1978), 876 - 892, und Postkarten von Frau Volmer an Frau Meitner, in: Churchill College, Cambridge, Archive, MTNR 5/19

97 V75

98 V75, S. 214

99 V74

100 VP39

101 u. a. Deutsche Wissenschaft. Arbeit und Aufgabe. Leipzig 1939, S. 189 - 190,

102 BDC, 4069

103 BDC, 4070 f

104 BDC, 4073 f

105 BDC, 4075 f

106 BA, R 21, 363

107 ebd.

108 Der Brief befindet sich in Privatbesitz einer Verwandten Volmers.

109 hier und für das Folgende: BDC, 4077 - 4090

110 BDC, 4099. Das Urteil findet sich in BDC, 4106 - 4110

111 BDC, 4100; eine höhere Strafe, wie die Entfernung aus dem Dienst, konnte bei den verbliebenen Anschuldi- gungspunkten natürlich nicht mehr verhängt werden. Vgl. dazu Reichsgesetzblatt, Teil I, Jg. 1937, Nr. 10

112 BDC, 4101 - 4115

113 BDC, 4117

114 u. a. UAL, PA 1678, Bl. 3

115 Mit dem Urteil waren natürlich sämtliche vorläufigen Maßnahmen aufgehoben worden. Vgl. Reichsgesetzblatt [111], § 82

116 BDC, 4117

117 UAL, PA 1678, Bl. 3

118 Ardenne, M. von: Ein glückliches Leben für Technik und Forschung, Frankfurt a. M. 1976, S. 150 ff

119 u. a. Hahmann, W.: Wie die Technische Universität Berlin entstand. in: HA-TUB, Nachlaß Ebert, A31, und Brandt, P.: Wiederaufbau und Reform. Die Technische Universität Berlin 1945 - 1950, in: Wissenschaft und Gesellschaft [75], S. 495 - 522

120 Hahmann [119], S. 9

121 zitiert nach HA-TUB, Nachlaß Ebert, A24, S. 122

122 zitiert nach einer Aussage von Frau Albers-Schönberg

123 Ardenne [118], S. 164

124 ebd., S. 167 f

125 Steenbeck, Max: Impulse und Wirkungen. Schritte auf meinem Lebensweg. Berlin/ DDR 1977, S. 201

126 u. a. Jahrbuch der Dt. AdW 1955, S. 6

127 Jahrbuch der Dt. AdW 1956, S. 103

128 Hartkopf, W. u. G. Dunken: Von der Brandenburgischen Sozietät der Wissenschaften zur Deutschen Akademie der Wissenschaften zu Berlin, Berlin/DDR 1967, S. 60 f

[129] Das Folgende wird ausführlich beschrieben und dokumentiert in: Hoffmann, K.: Otto Hahn. Stationen aus dem Leben eines Atomforschers. Berlin 1978, S. 313 ff

[130] Hartkopf u. Dunken [128], S. 64 f

[131] u. a. Deutsche Akademie der Wissenschaften. Biographischer Index der Mitglieder. Hrsg. von K.-R. Biermann u. G. Dunken, Berlin/DDR 1960, S. 196

[132] Nach seiner Rückkehr aus der UdSSR wurde Thießen u. a. Direktor des Instituts für physikalische Chemie der AdW zu Berlin-Adlershof und hatte im ████Forschungsrat der DDR wichtige Positionen inne.

[133] Die folgenden Daten wurden aus unterschiedlichsten Veröffentlichungen zusammengetragen. Für die Vollständigkeit kann nicht garantiert werden.

Bildnachweis

- Bibliothek und Archiv zur Geschichte der Max-Planck-Gesellschaft, Berlin:
  Abb. 11, 16, 20, 21

- Stadtarchiv Hilden:
  Abb. 2, 3

- Staatsbibliothek, Berlin
  Abb. 5

- Prof. Dr. K. Neumann, Volpertshausen:
  Abb. 12, 13

- Hildegard Pusch, München:
  Abb. 10

- Prof. Dr. N. Riehl, Baldham:
  Original von Abb. 19

- Dr. Gertrude Turowski:
  Abb. 1

- Bodo Volmer, Hilden:
  Abb. 4

Den genannten Personen und Institutionen möchte ich meinen Dank dafür aussprechen, daß sie die Originale zur Verfügung stellten.

Anhang

Rückblick von Frau Dr. G. Asby

Der Rückblick der Schülerin und Koautorin Volmers, Dr. Gertrud Asby, ehemals Tohmfor beziehungsweise Zimmermann, wurde anläßlich der Würdigung Max Volmers zu seinem hundertsten Geburtstag verfaßt.

„Als wahrer Naturforscher betrachtete Max Volmer jedes Ereignis, jeden Menschen, überhaupt alles, was ihm begegnete, mit offenem Sinn, kritisch aber ohne Vorurteil und ohne vorgefaßte Meinung. Diese Unvoreingenommenheit mußte natürlich auch seine politische Stellungnahme kennzeichnen, was dann manchmal zu Volmers und der nahen Freunde Ärger oder Amüsement zu Mißverständnissen führen konnte.

Als Volmer 1933 von einem Kongreß in Moskau zurückkam, äußerte er ohne Rückhalt seine Begeisterung über das, was er zu sehen bekommen hatte und die großzügige Aufnahme, die den Kongreßteilnehmern geboten wurde. Dieses wurde sofort mißgedeutet als Sympathie für den Kommunismus. Er hatte jedoch weder Sym- noch Antipathie dafür. Viel später, 1955 nach seiner Rückkehr aus Moskau sagte er mir lächelnd auf meine Fragen: „ich verstehe nichts von dielektrischem Magnetismus" (Dialektischem Materialismus).

1933 begann ich mit meiner Diplomarbeit bei Volmer und hatte, wie alle seine Schüler, im Anfang kaum einen Kontakt mit ihm; man sollte selbständig arbeiten. Zu meiner Überraschung suchte er mich eines Morgens in meinem Labor auf, nachdem ich ihm wenige Minuten vorher auf der Treppe begegnet war, wo er mich mit dem „deutschen Gruß", (doch ohne „heil Hitler") gegrüßt hatte. Er kam, um sich für diese Taktlosigkeit, wie er sagte, zu entschuldigen. — Er wußte wie alle im Institut, daß ich Halbjüdin bin und sagte ungefähr: „ ... es ist so bequem beim Grüßen nur die Hand aufzuheben anstatt in der Kälte den Hut abnehmen zu müssen." Dieses war vielleicht der Anfang einer mehr persönlichen Beziehung, die sich später im Verlauf der Kriegsjahre zwischen dem Ehepaar Volmer und meinem Mann Ehrhard Tohmfor und mir befestigte.

Volmers Stellungnahme gegen die Nationalsozialisten nahm im Takt mit den sich verschärfenden Maßnahmen zu. Mehrere Jahre später erzählte er mir, daß er, als J. Eggert vor die Alternative gestellt wurde, sich von seiner nichtarischen Frau scheiden zu lassen oder sein Professorat zu verlieren, in einer Fakultätssitzung vorgeschlagen habe, daß alle Kollegen geschlossen ihren Rücktritt erklären sollten. Und Volmer war überaus enttäuscht über die generell eisige Ablehnung seines Vorschlags.

Besonders seit Kriegsbeginn gewöhnten mein Mann und ich uns an, Volmers aufzusuchen, wenn irgend ein politisches Geschehen uns deprimierte. Das war recht oft. Nach meiner Entlassung aus dem Gefängnis war ich immer und zu jeder Zeit willkommen, und Volmers ließen den Gedanken, daß es gefährlich sein könnte, mit mir Umgang zu haben, keinen Raum. Trotz der schweren Zeit waren die Gespräche oft geprägt von Heiterkeit.

Der „Fall Briske" beleuchtet besonders klar Volmers Einstellung. Briske, ein ehemaliger Schüler Volmers, wandte sich im Herbst 1942 an Volmer um Hilfe. Briske lebte versteckt mit seiner Familie, um dem Schicksal der Juden in Auschwitz zu entgehen. Er bat Volmer um Lebensmittelmarken, und Volmers versprachen sofort, ihn damit zu versorgen. Ich wurde orientiert, und wir vereinbarten auch H. Kummerow in die Sammelaktion einzubeziehen. Dieses tat ich, als das Ehepaar Kummerow uns kurz darauf und zwei Tage bevor Kummerows und wir verhaftet wurden, besuchte.

Ich weiß nicht, was Kummerow veranlaßte oder zwang, die Angelegenheit bei einem Verhör der Gestapo zur Kenntnis zu bringen und kann nur von den Folgen berichten. Der Kriminalkommissar Habecker war sehr aufgebracht bei meinem nächsten Verhör vor allem darüber, daß ich sicherheitshalber, doch unwahr, früher behauptet hatte, daß wir kaum Kontakt mit Volmers hatten. Doch gelang es mir schließlich, die Sache von einer organisierten Hilfsaktion für versteckte Juden auf eine einmalige Hilfe für Briske abzuschwächen. Nach meiner Entlassung aus dem Gefängnis erzählte mir Volmer, daß er vorgeladen und von Habecker verhört, zunächst „sich an nichts erinnerte", als aber Habecker ihm meine Aussagen mitteilte, sofort einräumte, dann müsse es wohl stimmen, wenn Frau Tohmfor es gesagt habe. Sehr kennzeichnend für Volmer war der weitere Verlauf des längeren Gesprächs mit Habecker. Ob Volmer denn nicht wüßte, daß Frau Tohmfor Halbjüdin sei. Ja, das sei ihm bekannt, aber das sei doch ohne Bedeutung in wissenschaftlicher Arbeit. Nach einem längeren Vortrag Habeckers über die Juden als Untermenschen sagte Volmer, er habe nur gute Erfahrungen mit Juden gehabt und erzählte Habecker als Beispiel die Geschichte seines mit der geringsten Mühe verdienten Geldes. Bei einem Gespräch am Teetisch in den zwanziger Jahren wurde das Problem erörtert, welches die Radioindustrie mit hochohmigen Widerständen habe, weil sie zu viel Platz beanspruchen. Nach kurzem Nachdenken schlug Volmer vor, keramische Stangen mit einer Kohleschicht zu belegen, aus der in einem mehr oder weniger engen Schraubengang die Kohle wieder mechanisch entfernt wird, so daß die Kohlenschraube zu einem leitenden hochohmigen Widerstand wird. Der an diesem Problem interessierte Herr... griff den Gedanken auf und ließ die Widerstände entwickeln. Später suchte er Volmer, der die Sache wohl längst vergessen hatte, auf und fragte, ob ihm ein einmaliges Honorar oder laufende Licens lieber sei. Volmer zog den einmaligen Betrag vor, der dann Grundkauf und Bau seines schönen Hauses in Babelsberg finanzierte.

Trotz dieses offen gezeigten Mangels an nationalsozialistischer Einstellung verließ Volmer das berüchtigte Sicherheitshauptamt Prinz-Albrecht-Str. 8 unangetastet, was Frau Volmer und besonders mich sehr wunderte. Die einzige Folge war „nur" das von Habecker veranlaßte Disziplinarverfahren im Spätsommer 43. Zu diesem wurden außer Volmer und mir niemand vorgeladen. Die Vernehmung war kurz und formell und — wie es uns schien — den Vernehmenden recht peinlich. Sie umfaßte ausschließlich die Aktion für Briske. Das Resultat war dann der Verlust des Ordinariats. Darüber war Prof. Volmer anscheinend ganz zufrieden. Die Arbeit an der TH war ihm schon lange unter den gegebenen Umständen unbefriedigend.

In dem halben Jahr, das ich nach der Entlassung aus dem Gefängnis noch in Berlin war, war ich sehr oft bei Volmers, gelegentlich auch zusammen mit anderen Gleichgesinnten:

G. Hertz, R. Becker, Max von Laue. Und immer verließ ich Volmers ein bißchen heiterer, als ich vor dem Besuch war.

Als Mussolini im Sommer 43 gefangen genommen wurde, feierten wir das Ereignis am Nachmittag mit einer Flasche Sekt. Eine ehemalige, nicht gleichgesinnte Schülerin, die unerwartet kam, fragte mißtrauisch: „was wird hier gefeiert?" Volmer antwortete lachend: „nur ein kleines Familienereignis."

Volmers Sinn für Humor und für das Groteske zeigte sich auch in seiner Reaktion auf meine Gefängniserlebnisse. Es amüsierte ihn köstlich, daß im Frauengefängnis die weibliche Ausgabe vom Kalfaktor Kalfaktrice hieß oder auch, daß jeden Morgen die Aufseherin die Zelle mit dem Befehl „kübeln" aufschloß. Kübeln war dort die Verbalform für Kübel, und man sollte also seinen Kübel ausleeren gehen. Daß jene schrecklichen Jahre doch auch Gutes und Positives für mich enthielten, habe ich nicht zuletzt Volmers zu verdanken.

Die Bewunderung der Schüler Volmers wurde nahezu ehrfurchtsvoll, wenn sie ihn bei Ausübung seiner entomologischen Interessen sahen. Wir konnten nicht begreifen, wie er aus mehreren Metern Abstand ein winziges Insekt, gut getarnt in der Rinde eines Baumstammes, wahrnehmen konnte. Die Entomologie war mehr als eine Freizeitbeschäftigung für ihn, und er sagte mir einmal, daß er auf diesem Gebiete mehr leiste als in der physikalischen Chemie. In Verbindung mit der Entomologie oder als notwendige Voraussetzung dafür standen seine umfassenden botanischen Kenntnisse, die wiederum seine Vorliebe für Orchideen mit sich führten. Als er in Sofia, wo ihm Ehrendoktor und Orden verliehen wurden, beim König zur Audienz war, schockierte er die Anwesenden damit, daß er den König mit den Worten begrüßte: „wir sind ja Kollegen". Die Erklärung dieser jeder Etikette widersprechenden Äußerung war das Volmer und dem König gemeinsame Interesse für Orchideen. Und das führte dann auch zu längerem Gespräch und Besichtigung der königlichen Orchideen.

Zu diesem Rückblick habe ich absichtlich Beispiele gewählt, die durch in jener Zeit gefallene Aussprüche gestützt werden, um die Gefahr zu vermeiden, Erinnerungsverschiebungen zu unterliegen."

Schriftenverzeichnis

a) wissenschaftliche Schriften

(V1·)   [Schaum, Karl: Über den Herschel-Effekt (Nach Versuchen des Herrn M. Volmer), in: Z. wiss. Photogr. 7 (1909), 399·401]

V2·   Photographische Umkehrerscheinungen, Dissertation an der Universität Leipzig, Weida 1910

V3·   Die Emission negativer Korpuskularstrahlen durch gewisse vorbestrahlte Salze, in: Z. Elektrochem. 18 (1912), 1086·1090

V4·   Die verschiedenen lichtelektrischen Erscheinungen am Anthracen, ihre Beziehungen zueinander, zur Fluoreszenz und Dianthracenbildung. Habilitationsschrift, Universität Leipzig, 1913

V5·   Die verschiedenen lichtelektrischen Erscheinungen am Anthracen, ihre Beziehungen zueinander, zur Fluoreszenz und Dianthracenbildung. Auszug aus der Leipziger Habilitationsschrift. in: Ann. Phys. 40 (1913), 775·796

V6·   Bemerkung zu der Abhandlung des Hrn. J. Stark: Über den Zusammenhang zwischen Fluoreszenz und Ionisierung. in: Ann. Phys. 42 (1913), 485·486

V7·   (mit Le Blanc, M.): Tritt bei der Belichtung von Chlorknallgas Ionisierung ein, und erfolgt unter der ionisierenden Wirkung der Röntgenstrahlung eine Reaktion im Chlorknallgas? in: Z. Elektrochem. 20 (1914), 494·497

V8·   (mit Schaum, K.): Über progressive und regressive Vorgänge an Halogensilberschichten, in: Z. wiss. Photogr. 14 (1915), 1·13

V9·   Photochemische Empfindlichkeit und lichtelektrische Leitfähigkeit, in: Z. Elektrochem. 21 (1915), 113·117

V10·   Bemerkung zu den Arbeiten von M. Bodenstein: „Das Abklingen der im Licht entstandenen Aktivität des Chlors" und „Die Vereinigung von Chlor und Wasserstoff". in: Z. Elektrochem. 22 (1916), 255·256 sowie Antwort an Herrn Bodenstein, S. 398

V11·   Die Abhängigkeit des lichtelektrischen Leitvermögens von der Wellenlänge (HgJ₂rot;J). in: Z. wiss. Photogr. 16 (1916/17), 152·154

V12·   Die lichtelektrische Ionisierung von Lösungen, in: Z. wiss. Photogr. 16 (1916/17), 186·189

V13·   Eine einfache leistungsfähige Vakuumpumpe für Laboratorien, in: Ber. Dtsch. Chem. Ges. 52 (1919), 804·809

V14·   (mit Stern, O.): Über die Abklingungszeit der Fluoreszenz, in: Phys. Z. 20 (1919), 183·188

V15·   (mit Stern, O.): Sind die Abweichungen der Atomgewichte von der Ganzzahligkeit durch Isotopie erklärbar? in: Ann. Phys. 59 (1919), 225·238

V16·   (mit Stern, O.): Bemerkungen zum photochemischen Äquivalentgesetz vom Standpunkt der Bohr-Einsteinschen Auffassung der Lichtabsorption, in: Z. wiss. Photogr. 19 (1920), 275·187

V17·   Die Entwicklungstheorie des latenten Bildes, in: Z. wiss. Photogr. 20 (1920/21), 189·198

V18·   Zur Entwicklungstheorie des latenten Bildes, in: Photogr. Korr. 85 (1921), 226·228

V19·   Kristallbildung durch gerichtete Dampfmoleküle, in: Z. Phys. 5 (1921), 31·34

V20·   Neue Hochvakuummethoden in der Chemie, in: Z. angew. Chem. 34 (1921), 149·151

V21·   (mit Groß, R.): Kristallbildung durch gerichtete Dampfmoleküle, in: Z. Phys. 5 (1921), 188·191

V22·   (mit Estermann, I.): Über den Verdampfungskoeffizienten von festem und flüssigem Quecksilber, in: Z. Phys. 7 (1921), 1·12

V23·   (mit Estermann, I.): Über den Mechanismus der Molekülabscheidung an Kristallen, in: Z. Phys. 7 (1921), 13·17

V24·   Über die Molekülabscheidung an Kristallen und die Bravaissche Regel, in: Z. Phys. 7 (1921), 646·647

V25·   (mit Estermann, I.): Über den Verdampfungskoeffizienten und seine Beziehung zur Ostwaldschen Stufenregel, in: Z. phys. Chem. 99 (1921), 383·394

V26·   Über gerichtetes Kristallwachstum, in: Z. Phys. 9 (1922), 193·196

V27·   (mit Riggert, K.): Die Abhängigkeit der Reaktionsgeschwindigkeit von der Konzentration bei photochemischen Vorgängen, in: Z. phys. Chem. 100 (1922), 502·511

V28·   Zum Problem des Kristallwachstums, in: Z. phys. Chem. 102 (1922), 267·275

V29- Über die Existenz des Oxoniumperchlorats, in: Ann. Chem. 440 (1924), 200-202

V30- (mit Kirchhoff, P.): Die Dampfdrücke von festem und flüssigem Benzophenon zwischen 0° und 48°, in: Z. phys. Chem. 115 (1925), 233-238

V31- (mit Mahnert, P.): Über die Auflösung fester Körper in Flüssigkeitsoberflächen und die Eigenschaften der dabei entstehenden Schichten, in: Z. phys. Chem. 115 (1925), 239-252

V32- Thermodynamische Folgerungen aus der Zustandsgleichung für adsorbierte Stoffe, in: Z. phys. Chem. 115 (1925), 253-260

V33- (mit Adhikari, G.): Nachweis und Messung der Diffusion von adsorbierten Molekeln an den Oberflächen fester Körper, in: Z. phys. Chem. 119 (1926), 46-52

V34- (mit Weber, A.): Keimbildung in übersättigten Gasen, in: Z. phys. Chem. 119 (1926), 277-301

V35- (mit Adhikari, G.): Versuche über Kristallwachstum und Auflösung, in: Z. Phys. 35 (1926), 170-176

V36- (mit Landt, E.): Ausbreitungsgeschwindigkeit von Öl auf Wasser, in: Z. phys. Chem. 122 (1926), 398-404

V37- Zur Theorie der lyophilen Kolloide, in: Z. phys. Chem. 125 (1927), 151-157

V38- Zur Theorie der Vorgänge an unpolarisierbaren Elektroden, in: Z. phys. Chem. 139 (1929) A, 597-604

V39- Über Keimbildung und Keimwirkung als Spezialfälle der heterogenen Katalyse, in: Z. Elektrochem. 35 (1929), 555-561

V40- Bildreproduktion mittels Elektroosmose, in: Z. wiss. Photogr. 29 (1930), 160-162

V41- (mit Kummerow, H.): Der thermische Zerfall des Stickoxyduls, in: Z. phys. Chem. 9 (1930) B, 141-153

V42- (mit Erdey-Grúz, T.): Zur Theorie der Wasserstoffüberspannung, in: Z. phys. Chem. 150 (1930) A, 203-213

V43- (mit Thalinger, M.): Untersuchungen an der Platin-Wasserstoffelektrode, in: Z. phys. Chem. 150 (1930) A, 401-417

V44- (mit Nagasako, N.): Der thermische Zerfall des Stickoxyduls zwischen 1 und 10 Atmosphären, in: Z. phys. Chem. 10 (1930) B, 414-418

V45- Physikalisch-chemische Grundlagen der Glasverspiegelung, in: Glastechn. Ber. 9 (1931), 133-138

V46- Bemerkung zu der Frage der Dreierstöße, in: Z. phys. Chem. 13 (1931) B, 299-300

V47- (mit Marder, M.): Zur Theorie der linearen Kristallisationsgeschwindigkeit unterkühlter Schmelzen und unterkühlter Modifikationen, in: Z. phys. Chem. 154 (1931) A, 97-112

V48- Molekulargewichtsbestimmung im Gaszustand bei sehr niederen Drücken, nach den Experimentalarbeiten von S. Heller und K. Neumann. in: Z. phys. Chem. Erg.-Bd. (= Bodenstein-Festband), 1931, 863-873

V49- Zur Theorie der lyophilen Kolloide, in: Z. phys. Chem. 155 (1931), 281-284

V50- (mit Brandes, H.): Zur Theorie des Kristallwachstums, in: Z. phys. Chem. 155 (1931) A, 446-470

V51- (mit Schultze, W.): Kondensation an Kristallen, in: Z. phys. Chem. 156 (1931) A, 1-22

V52- (mit Erdey-Grúz, T.): Zur Frage der elektrolytischen Metallüberspannung, in: Z. phys. Chem. 157 (1931) A, 165-181

V53- (mit Erdey-Grúz, T.): Überschreitungserscheinungen bei der elektrolytischen Metallabscheidung, in: Z. phys. Chem. 157 (1931) A, 182-187

V54- The Migration of Adsorbed Molecules on Surface of Solids, in: Trans. Faraday-Soc. 28 (1932), 359-363

V55- (mit Moll, W.): Über den BEQUEREL-Effekt an Selen-Elektroden, in: Z. phys. Chem. 161 (1932) A, 401-410

V56- (mit Froelich, H.): Der thermische Zerfall des Stickoxyduls, in: Z. phys. Chem. 19 (1932) B, 85-88

V57- (mit Froelich, H.): Der thermische Zerfall des Stickoxyduls. Wirkung der inerten Fremdgase He, Ar, O_2. in: Z. phys. Chem. 19 (1932) B, 89-96

V58- Molekulartheorie der Grenzflächen, I. in: Phys. reg. Ber. 1 (1933), 141-152

V59- Überspannung, in: Phys. Z. Sowjetunion 4 (1933), 314-259

V60- Erwiderung auf vorstehende Notiz [Hoekstra, J.: Zur Theorie der kathodischen Wasserstoffüberspannung], in: Z. phys. Chem. 166 (1933) A, 80

V61- (mit Bogdan, M.): Stoßaktivierung und homogene Katalyse bei N_2O-Zerfall in Fremdgasen, in: Z. phys. Chem. 21 (1933) B, 257-272

V62- Das elektrolytische Kristallwachstum (= Actualités scientifiques et industrielles. 85. Réunion internationale de chimie-physique, V), Paris 1934

V63-	(mit Briske, H.): Studien über Zerfall von Stickoxydul, in: Z. phys. Chem. 25 (1934) B, 81 - 89
V64-	Perenaprjaženie [Überspannung], in: Žurnal fizičeskoi chimii 5 (1934), 319 - 328
V65-	(mit Flood, H.): Tröpfchenbildung in Dämpfen, in: Z. phys. Chem. 170 (1934) A, 273 - 285
V66-	(mit Suzuki, M.): Einfluß eines elektrischen Feldes auf eine photochemische Reaktion, in: Nat. wiss, 23 (1935), 197
V67-	(mit Wick, H.): Untersuchungen an Wasserstoffelektroden, in: Z. phys. Chem. 172 (1935) A, 429 - 447
V68-	Bemerkung zu dem Gesetz von J. Thomson und W. Gibbs: Über den Dampfdruck von kleinen Partikeln. in: Ann. Phys. 23 (1935), 44 - 46 sowie: Zur vorstehenden Antwort von Herrn Kossel, 49 - 50
V69-	Oberflächendiffusion, in: 74. VDI-Hauptversammlung und 80-Jahr-Feier des VDI, Darmstadt 1936, Fachvorträge. Berlin 1936, 163 - 167
V70-	(mit Schmidt, O.): Über den Schmelzvorgang, in: Z. phys. Chem. 35 (1937) B, 467 - 480
V71-	(mit Boas-Traube, Sonja): Über die Gültigkeit der TRAUBEschen Regel für die Grenzfläche flüssig/flüssig, in: Z. phys. Chem. 178 (1937) A, 323 - 335
V72-	(mit Seydel, G.): Über die Entwässerungsgeschwindigkeit des Manganooxadat-Dihydrats, in: Z. phys. Chem. 179 (1937) A, 153 - 171
V73-	(mit Neumann, K.): Molekulartheorie der Grenzflächen, 2. in: Phys. reg. Ber. 5 (1937), 131 - 137
V74-	(mit Tohmfor, Gertrud): Die Keimbildung unter dem Einfluß elektrischer Ladungen, in: Ann. Phys. 33 (1938), 109 - 131
V75-	Kinetik der Phasenbildung (= Die chemische Reaktion 4), Dresden, Leipzig 1939, Nachdruck: Ann Arbor/-Mich. 1945
V76-	Die kolloidale Natur von Flüssigkeitsgemischen in der Umgebung des kritischen Lösungspunktes. I. in: Z. phys. Chem. 206 (1956), 181 - 193
V77-	Die kolloidale Natur von Flüssigkeitsgemischen in der Umgebung des kritischen Zustandes (II), in: Z. phys. Chem. 207 (1957), 307 - 320
(V78-)	Zur Kinetik der Phasenbildung und der Elektrodenreaktionen, hrsg. von L. Dunsch, Leipzig 1983 (= Ostwalds Klassiker 262). [enthält neben einer Einführung über das Leben und Wirken Max Volmers die Abhandlungen 23, 32, 33, 34, 42, 52, 74]

b) Sonstige Schriften

VS1-	M. Le Blanc zum 60. Geburtstag, in: Z. Elektrochem. 31 (1925), 213
VS2-	Max Le Blanc als Forscher und Lehrer zu seinem 70. Geburtstag am 26. Mai 1935, in: Z. Elektrochem. 41 (1935), 309 - 314
VS3-	(mit L. Hock): Karl Schaum zum 70. Geburtstag am 14. Juli, in: Z. Elektrochem. 46 (1940), 377 - 378
VS4-	Geleitwort, in: Deutsche Akademie der Wissenschaften zu Berlin, 1946 - 1956. Berlin/DDR 1956
VS5-	Gustav Hertz. 50 Jahre. In: Ann. Phys. 20 (1957), 1 - 3
VS6-	Iwan N. Stranski zum 60. Geburtstag, in: Z. Elektrochem. 61 (1957), 1 - 2 (≙ Heft 1, Widmungsheft für Iwan N. Stranski zum 60. Geburtstag)
VS7-	Peter Adolf Thießen. 60 Jahre — 6. April 1959. In: Z. phys. Chem. 210 (1959), 215 - 217

c) Sekundärliteratur über Max Volmer (Würdigungen, Nekrologe, Kurzbiographien, Bibliographien, Nachrichten)

BV1-	Stranski, I. N.: Max Volmer zu seinem 65. Geburtstage am 3. Mai 1950, in: Z. phys. Chem. 196 (1950/51), 1 - 5
BV2-	Stranski, I. N.: (Vorwort zum) Widmungsheft für Max Volmer zum 70. Geburtstage, in: Z. Elektrochem. 59 (1955), 333
BV3-	Neumann, Kurt: Max Volmer 70 Jahre, in: Phys. Bl. 11 (1955), 320
BV4-	Schwabe, K.: Max Volmer, in: Z. phys. Chem. 204 (1955), 261 - 264
BV5-	(anonym): Max Volmer, in: Natwiss. Rdsch. 8 (1955), 289
BV6-	Stranski, I. N.: Max Volmer zu seinem 75. Geburtstag am 3. Mai 1960, in: Forschungen und Fortschritte 34 (1960), 154 - 155

BV7- Thießen, P. A.: Max Volmer zum 75. Geburtstag am 3. Mai 1960, in: Z. phys. Chem. 214 (1060), 1 - 4 und in: Mittbl. Mitarb. Dtsch. Akad. Wiss. Berlin 6 (1960), 105 - 106

BV8- (Meyer, K.): Hochverehrter Herr Professor Volmer! in: Mittbl. Chem. Ges. DDR 7 (1960), 73

BV9- (anonym): Max Volmer, in: Chem. Tech. 12 (1960) 447

BV10- (Glückwünsche der Deutschen Bunsen-Gesellschaft): Max Volmer, in: Ber. Dtsch. Bunsen-Ges. 69 (1965), 185

BV11- Thießen, P. A.: Max Volmer zum 80. Geburtstag am 3. Mai 1965, in: Z. Chem. 5 (1965), 161 - 162 (abgedruckt in: ders.: Erfahrungen, Erkenntnisse, Folgerungen. Berlin/DDR 1979, 208 - 210)

BV12- Eggert, J.: Max Volmer †. *3. 5. 1885 †3. 6. 1965. In: Phys. Bl. 21 (1965), 324 - 325

BV13- Hartke, W.: (Gedruckte Anzeige vom 15. Juli 1965)

BV14- Stranski, I. N.: Max Volmer zum Gedenken, in: Ber. Dtsch. Bunsen-Ges. 69 (1965), 755 - 756

BV15- Volmer, Max. in: Poggendorff's biogr.-hist. Wörterbuch, V (1926), 1318 - 1319, VI (1940), 2773 - 2774, VII a (1962), Bd. 4, 788 - 789

BV16- Max Volmer, in: Kürschners Deutscher Gelehrten Kalender 1931: 3122, 1940/41: 995, 1961: 2175, 1966: 2583 u. 2830

BV17- Max Volmer, in: Wer ist's?, Berlin 1928, 1622

BV18- Handbuch über den Preußischen Staat, hrsg. vom Preußischen Staatsministerium, Berlin 1938, 72

BV19- Max Volmer, in: Deutsche Akademie der Wissenschaften zu Berlin. Biographischer Index der Mitglieder. 1960: 138 u. 196 f u. Tafel III; 1983: 418

(BV20)- Max Volmer. (Nachrichten zu Jubiläen etc. seit 1950 in Fachzeitschriften der Chemie und der Naturwissenschaften)

Liste der Patentschriften

VP1 · Nr. 340446: Quecksilberdampfstrahlpumpe (1918)

VP2 · Nr. 333977: Vorrichtung zum Anzeigen der Dichte- oder Viskositätsunterschiede von Gasen (1918)

VP3 · Nr. 336677: Pumpkasten für die Herstellung von Vakuumgefäßen (1920)

VP4 · Nr. 360405: Einrichtung zum Abdichten der Verbindungsstelle eines zu entlüftenden Gefäßes mit der Pumpleitung (1920)

VP5 · Nr. 379400: Quecksilberdampfstrahlpumpe (1919)

VP6 · Nr. 390145: Verfahren zur Herstellung von Kupferspiegeln auf Glas (1920)

VP7 · Nr. 396636: Quecksilberdampfstrahlpumpe (1919)

VP8 · Nr. 398108: Verfahren zur Herstellung von Kupferüberzügen, besonders von Kupferspiegeln auf nicht-metallischen Flächen (1919)

VP9 · Nr. 421633: Quecksilberdampfstrahlpumpe (1923)

VP10 · Nr. 412322: Verfahren zur Herstellung von Kupferüberzügen, besonders von Kupferspiegeln auf Glasflächen (1921)

VP11 · Nr. 509944: Verfahren zur Aufzeichnung von elektrischen Signalen (1929)

VP12 · Nr. 525412: Verfahren für Schnell- und Bildschreiber unter Benutzung einer elektroosmotischen Steuervorrichtung (1929)

VP13 · Nr. 531163: Verfahren zur Aufzeichnung kleinster elektrischer Impulse (1929)

VP14 · Nr. 531624: Anordnung zur Ausführung des Verfahrens der Aufzeichnung elektrischer Signale mittels elektroosmotischer Zelle (1929)

VP15 · Nr. 536366: Verfahren zur Aufzeichnung kleinster elektrischer Impulse, insbesondere für die Zwecke der Bildtelegraphie (1929)

VP16 · Nr. 616241: Nicht luftdicht abgeschlossene elektrische Bogenlampe zur Körperbestrahlung (1932)

VP17 · Nr. 625439: Elektrische Bogenlampe für Bestrahlungszwecke mit einem durch Schutzgitter abgeschlossenen Reflektor, in dessen Innerem die Elektrodenhalter angeordnet sind (1934)

VP18 · Nr. 628402: Verfahren zur Herstellung von Elektroden für nicht luftdicht abgeschlossene Bogenlampen zur Körperbestrahlung (1934)

VP19 · Nr. 637209: Elektroden für nicht luftdicht abgeschlossene elektrische Bogenlampen zur Körperbestrahlung (1933)

VP20 · Nr. 640945: Hauteinreibemittel (1934)

VP21 · Nr. 647785: Elektroden für nicht luftdicht abgeschlossene Bogenlampen zur Körperbestrahlung (1936)

VP22 · Nr. 657300: Nicht luftdicht abgeschlossene elektrische Bogenlampe zur Körperbestrahlung mit Elektroden aus unoxydablen Stoffen (1935)

VP23 · Nr. 709794: Verfahren zur Bestimmung von Konzentrationen in Gasen und Lösungen (1939)

VP24 · Nr. 722068: Verfahren zur Herstellung von Halbleiterzellen zu Konzentrationsbestimmungen (1939)

VP25 · Nr. 724766: Relais (1941)

VP26 · Nr. 727783: Verfahren zur Bestimmung von Konzentrationen in Gasen und Lösungen (1940)

Verzeichnis der Schüler und Mitarbeiter

Dr. G. Adhikari
Dr. E. Albers-Schönberg
Frau Dr. G. Asby
[Tohmfor, Zimmermann]
Dr. M. Awschalom
Dr. V. Bayerl-Bröse
Frau Dipl.-Ing. M. Benneck
Frau Dr. S. Boas-Traube
Dr. M. Bogdan
Dr. H. Brandes
Dr. H. Briske
Dr. H. M. Cassel
Dr. J. J. Chang
Frau Dr. E. Engelhardt
Prof. Dr. T. Erdey-Grúz
Prof. Dr. I. Estermann
Prof. Dr. H. Flood
Dr. M. Formstecher
Dr. H. C. Froelich
Dr. Gingold
Dr. E. Glückauf
Dr. R. Gross
Dipl.-Chem. A. Guttstatt
Dr. S. Heller
Dr. V. Hellmund
Prof. Dr. K. Herrmann
Dipl.-Chem. Herzberg
Hans Hesse

Frau Dipl.-Chem. V. Kessler
Dr. P. Kirchhoff
Dr. G. Kromrey
Dr. H. Kummerow
Frau Dr. Kutterer
Prof. Dr. E. Landt
Frau Dipl.-Chem. S. Lanz [Berndts]
Frau Dr. M. Lehl [Thalinger]
Adolf Leuchtenberger
Frau Dr. R. Levi [Jost]
Dr. E. Lichtenberg
Dr. P. Mahnert
Prof. Dr. M. Marder
Herr Mattert
Dipl.-Chem. L. Meinecke
Dr. W. Moll
Dr. J. Moos
Dr. N. Nagasako
Prof. Dr. K. Neumann
Prof. Dr. E. Orowan
Frau Pietschmann
Dr. Pollatschek
Dr. Rademacher
Frau Dr. E. Reder [Beyer]
Prof. Dr. G. Richter
Dr. K. Riggert
Prof. Dr. H. L. Roy
Dipl.-Ing. K. Schaefer

Dr. A. Schmidt
Dr. H. W. Schmidt
Dr. O. Schmidt
Frau Dipl.-Ing. I. Schnitter [Voigt]
Dr. E. H. Schürer
Dr. W. Schultze
Dr. F. Schulz
Dr. G. Seydel
Prof. Dr. O. Stern
Herr Süßmann
Prof. Dr. I. N. Stranski
Prof. Dr. M. Suzuki
Herr Teuscher
Dr. E. Tohmfor
Herr Truhn
Dr. E. Turowski
Dr. E. Völker
Dr. A. Weber
Dr. P. Westphal
Dr. H. Wick
Frau Dipl.-Ing. K. Wilmanns [Krause]
Dipl.-Ing. G. Wolff
Frau Dr. S. von Zahn-Ullmann